BIBLIOTHÈQUE
SPÉCIALE
DE LA JEUNESSE.

Avec gravures.

Paris.

LENUBI
r. de Seine,
53.

Rue de Seine, 53.

HISTOIRE
DE
NAPOLÉON.

Monsieur,

L'Histoire de Napoléon sur laquelle vous m'avez demandé mon avis, est écrite avec impartialité ; les hommes et les événements sont jugés avec calme et sang-froid ; la religion s'y montre avec ses hautes et saintes pensées sur *l'homme* à qui elle dut beaucoup, qui l'affligea quelques moments pour la consoler ensuite et l'édifier de sa foi et de son respect, cette histoire offre un nouveau charme ; la vérité et la foi sont chose si grande et si sacrée ! ! !

Telle est l'impression qu'a laissée en moi la lecture de la vie de Napoléon par l'*auteur du Modèle de la piété au milieu du monde*, et je vous remercie, Monsieur, de votre obligeance et de votre empressement à me la communiquer. Je l'ai lue avec plaisir, et laissant à d'autres de féliciter l'auteur, qui me paraît avoir été bien inspiré, je vous félicite bien sincèrement de donner un bon livre de plus à la jeunesse chrétienne, dont vous méritez si bien par les excellentes publications que vous lui offrez chaque année.

J'aurais bien désiré, Monsieur, vous voir invoquer le sentiment d'un juge plus compétent. Je ne suis, vous le savez, qu'un pauvre prêtre plus occupé de théologie que de littérature. Mais enfin vous me demandez mon avis ; je vous le donne simplement pour ce qu'il vaut, et je n'hésite pas à vous dire que vous pouvez et que vous devez publier cet ouvrage ; il sera, je pense, pour vous, un titre de plus à la confiance des familles et à la reconnaissance de tous les hommes sincèrement religieux.

Agréez, etc.

Lejeune

Chanoine, Professeur à la Faculté de théologie.

CAMPO-FORMIO.

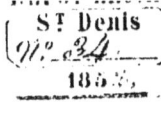

HISTOIRE DE NAPOLÉON

par

M. l'Abbé de Villiers

Auteur du modèle de Piété au milieu du monde

1814.

Paris.

Librairie de l'Enfance & de la Jeunesse

P. C. LEHUBY.

Éditeur Rue de Seine N° 55. F. S. G.

HISTOIRE
DE
NAPOLÉON

PAR

M. L'ABBÉ DE VILLIERS,

auteur du Modèle de la Piété au milieu du monde.

PARIS.
LIBRAIRIE DE L'ENFANCE ET DE LA JEUNESSE,
P.-C. LEHUBY, LIBRAIRE-ÉDITEUR,
53, RUE DE SEINE, F.-S.-G.

SAINT-DENIS. — TYPOGRAPHIE DE PRÉVOT ET DROUARD.

INTRODUCTION.

De tous les hommes extraordinaires qui ont étonné et remué le monde, aucun peut-être n'est plus difficile à bien juger que le héros qui apparut à l'Europe au sein des tourmentes révolutionnaires qui menaçaient, il y a un demi-siècle, d'emporter tour à tour les empires et les monarchies que le temps et la sagesse avaient élevés sur nos vieux continents.

Les événements prodigieux auxquels se mêle sa première jeunesse; ses victoires, ses conquêtes rapides dans un âge où on n'a encore que la bravoure impétueuse, que l'enthousiasme irréfléchi d'un soldat; son étrange et soudaine élévation du milieu des ruines amoncelées autour de lui, et dont il sait habilement se faire un marchepied pour arriver à une domination qu'il a eu à peine le temps d'entrevoir dans un rêve ambitieux; des expéditions gigantesques qui semblent dépasser le génie de l'homme, si entreprenant, si hardi qu'il soit; des espaces immenses franchis avec la rapidité de l'éclair et comme par enchantement; de vastes travaux accomplis aussitôt que médités; des institutions fortes, vigoureuses, substituées à la sanglante anarchie qui avait tout déplacé et mis à nu jusqu'aux racines mêmes de la société; le despotisme le plus nerveux qui fut jamais, imposé, presque sans effort, à une nation qui frémissait d'orgueil au seul nom de dépendance, et qui n'avait pas reculé devant les crimes et la honte pour conquérir une liberté sauvage; le *fanatisme* de la gloire, soulevant un peuple pressé pourtant du besoin d'un peu de repos, et qui s'en allait gaîment mourir de faim, de froid sur un seul mot de l'*homme* qui dépeuplait ses cités et ses campagnes; des princes, des rois, des empereurs aux pieds de ce *soldat parvenu;* l'antique Église des Gaules, relevée de ses sanglantes humiliations par les mains du *nouveau*

Constantin, puis contristée et persécutée un moment dans son chef vénérable; de grandes qualités presque effacées par de grands défauts; une sagesse qui paraît tenir de l'inspiration, et à côté une témérité qui ressemble presqu'au vertige; la France, rassasiée de conquêtes, surchargée de lauriers et de couronnes, imposant à l'Europe ses lois, ses coutumes et ses mœurs, jusqu'à ses plaisirs frivoles et légers; donnant, comme en se jouant, des diadèmes et des trônes; puis envahie, conquise, humiliée, captive, obéissant à l'étranger, qui naguère embrassait ses genoux; le fier conquérant *devant qui toute la terre s'était tue*, par respect et par peur, renversé tout à coup, comme si la foudre d'en haut l'eût frappé, découronné comme cette foule de petits princes qu'il avait cru honorer en les faisant ses feudataires et ses lieutenants; abandonné, trahi par ceux-là même qui lui devaient tout, et qui n'eurent pas le courage de mourir pour lui; lâchement insulté dans sa chute, expirant à deux mille lieues de la France, sur la pointe d'un rocher désert et nu...; tout cela donne à la grande figure de Napoléon je ne sais quoi de singulier, de mystérieux, j'allais presque dire de surhumain. Ce n'est pas un homme comme tous ceux qui l'ont devancé dans la noble carrière des armes et du commandement; les temps antiques et les âges plus modernes n'ont pas encore offert son type. C'est un caractère, un génie tout à part : il touche à la fois au jeune vainqueur de Darius, au conquérant des Gaules, au fanatique législateur de l'Orient, à Charlemagne, à Louis le Grand, sans pourtant ressembler bien à aucun d'eux.

Quand le temps aura refroidi la haine et l'enthousiasme entre lesquels il a partagé le monde, la postérité, désintéressée dans ce grand débat, pourra sans doute l'apprécier à sa juste valeur, et fixer irrévocablement son jugement, comme l'histoire l'a fait pour les hommes extraordinaires qui ont paru de loin en loin. Déjà on commence à ne plus parler de lui comme on en parlait il y a quelques années, avec passion, sans mesure, pour l'élever au-dessus de lui-même ou le faire descendre bien au-dessous de sa véritable grandeur; et le jour vient où toutes les opinions, tous les partis lui assigneront la place qu'il mérite justement. Heureux si nous pouvons, par un travail consciencieux et impartial, contribuer pour notre faible part au triomphe de la vérité.

Historien, et ne voulant être rien de plus, nous tracerons fidèlement la vie du *grand homme*, avec cette indépendance d'esprit et de cœur, le premier mérite de celui qui écrit pour instruire. Nous louerons avec bonheur le bien qu'il a fait, son courage et son génie, ses brillantes et immortelles conquêtes, sa gloire et celle dont il a couronné la France, qui, dans tous les temps, eut le privilége d'être la terre des héros; mais nous ne dissimulerons pas ses erreurs et ses fautes; et nous espérons que la jeunesse, à qui nous offrons plus particulièrement cette histoire, nous saura quelque gré de cette impartialité; car la jeunesse, de nos jours, ne veut plus être trompée ni sur les hommes ni sur les choses, et, dans ses études laborieuses, elle ne cherche, elle n'aime que la vérité.

CHAPITRE Ier.

Naissance et premières années de Napoléon.

L'antique monarchie fondée par les rois francs, agrandie par les princes que leur naissance ou la volonté du peuple avait appelés tour à tour sur le trône, si puissante, si étendue sous Charlemagne, si redoutable et si glorieuse sous Louis XIV, n'était plus guère qu'une ombre d'elle-même et un brillant souvenir du passé. Sous quelques apparences trompeuses de vie, elle renfermait dans son sein un mal profond, incurable, qui la minait sourdement, et qui tôt ou tard devait préparer sa sanglante agonie. Quelques batailles heureuses, quelques triomphes remportés sur les ennemis du dehors, ne pouvaient ni prévenir, ni retarder la crise fatale dont les symptômes menaçants effrayaient les esprits observateurs. Le corps social était frappé au cœur; la cour et la noblesse, amollies par le luxe et de honteux plaisirs, avaient beau s'étourdir, l'abîme se creusait toujours, et le gouffre allait bientôt se montrer béant et insatiable de victimes. Ainsi la lave brûlante du volcan s'agite fumante et bouillonne dans les flancs d'une montagne revêtue d'une riche verdure, et quand soudain elle brise dans son impatience le dernier obstacle, les flancs de la montagne, dénudés, se déchirent avec un horrible fracas; la riche verdure et les fleurs sont emportées au loin dans de noirs tourbillons de cendres, et le voyageur étonné ne rencontre plus sous ses pas tremblants que des ruines encore fumantes.

La régence avait fait le premier pas vers l'abîme où, après d'horribles convulsions, la monarchie devait disparaître. En corrompant la foi et les mœurs, la philosophie, imprudemment favorisée par la faiblesse et plus encore par l'intérêt du pouvoir, devait consommer le mal. Autrefois, Rome, plus forte, plus puissante, avait chancelé sous le poids de l'irréligion et de la mollesse. Ce colosse de fer, qui semblait défier les efforts du temps et des hommes, s'était brisé comme un verre fragile; la philosophie et la volupté avaient fait sans bruit ce que n'avait pu la résistance opiniâtre des nations liguées pour sa ruine; elles avaient, suivant l'énergique parole d'un de ses poëtes, vengé le monde de l'humiliation de sa défaite et des longues douleurs de son servage forcé.

Il n'entre pas dans notre plan de rechercher l'origine de cette étrange révolution qui déracina violemment la plus ancienne des monarchies, qui secoua l'Europe dans la puissance de sa colère, comme le vent de la tempête secoue la poussière des champs. Nous n'écrivons point l'histoire de cette triste épopée; nous ne voulons que rappeler rapidement l'état où se trouvait la France, l'imminence des déchirements qui devaient bientôt la bouleverser, à l'époque où la Providence donna au monde l'homme aux grandes et mystérieuses destinées, qui, pour un moment du moins, enchaînerait le torrent et féconderait les ruines ensanglantées.

Napoléon Bonaparte naquit à Ajaccio, en

1.

Corse, le 15 août 1769, la même année qui vit naître Châteaubriand, Walter Scott, le maréchal Soult et l'Anglais Wellington, qui, quarante-six ans plus tard, devait porter le dernier coup à ses grandeurs dans la plaine funèbre de Waterloo. Sa mère, Lætitia Ramolini, femme d'une grande beauté et d'un courage plus grand encore, surprise des douleurs de l'enfantement au moment où elle sortait de l'église, le mit au monde sur un tapis qui représentait les héros d'Homère. Cette circonstance, toute insignifiante qu'elle fût, et qui, dans le moment, ne fût pas même, sans doute, remarquée, fit grand bruit plus tard, quand l'enfant, devenu homme, se montra l'émule des guerriers chantés par le poète ; l'adulation ne manqua pas de s'en emparer, comme elle fait des choses les plus accidentelles, et d'y voir un présage assuré de ce qu'il devait être un jour. Son père, Charles Bonaparte, qui joignait à une figure agréable des études solides, une intelligence peu commune et une éloquence vive et entraînante, était membre de la cour souveraine d'Ajaccio et des états généraux de Corse. Adjudant du célèbre Paoli dans la lutte courageuse qu'il soutint contre les Génois pour venger la nationalité de son pays et lui rendre son antique liberté, il l'abandonna lorsque le traité de Compiègne céda la Corse à la France, et vint mourir à Montpellier, jeune encore, et laissant huit enfants, dont notre héros était le second. Napoléon, dans ses premières années, ne pardonnait pas à son père de s'être séparé du grand capitaine qui défendit avec vaillance et noblesse l'indépendance de la patrie. Il devait, disait-il, mourir à ses côtés en combattant pour une si belle cause. Plus tard il changea de pensée et de langage, sans doute par reconnaissance et par amour pour la France, qui l'avait adopté comme un de ses fils, et qui se montra si dévouée à sa fortune.

La famille Bonaparte était pauvre ; les révolutions l'avaient dépouillée de son antique patrimoine; sa noblesse était des plus anciennes. Originaire de la Toscane, elle avait écrit son nom avec honneur dans les annales de l'Italie, et avait joué un grand rôle dans les affaires de ce pays. A une époque bien reculée, des princes de la maison de Bonaparte avaient régné en souverains sur les États de Trévise ; la superbe Florence les avait comptés avec orgueil parmi ses *patriciens*. Elle était alliée aux nobles races des Ursins, des Médicis et des Lomollini. Parmi les hommes célèbres qu'elle a produits, l'histoire nous a conservé les noms de Napoléon des Ursins, justement fameux dans les fastes militaires d'Italie, d'un Jacques Bonaparte, qui a écrit le siége de Rome par le connétable de Bourbon, traître à l'honneur et à la patrie, et qui, au sein même de son honteux triomphe, ne pouvait soutenir les regards mourants du chevalier *sans peur et sans reproche*; d'un autre Bonaparte, qui, foulant aux pieds les vaines grandeurs de ce monde, s'attacha à la pauvreté des capucins, et mérita, par la sainteté de sa vie et de sa mort, les honneurs de la béatification. Au XV° siècle, une dame du nom de Bonaparte vit élever sur la chaire du prince des apôtres son fils, Nicolas V, pontife d'une éminente vertu, appelé, malgré son humble résistance, à la première dignité de l'Église ; il éteignit par sa prudence et sa douceur le schisme déplorable de l'antipape Félix, ressuscita avec éclat les belles-lettres depuis longtemps ensevelies sous la barbarie gothique, éleva à Rome et ailleurs des palais, des églises, des ponts et des fortifications, monuments de son goût éclairé, signala aux princes et aux rois endormis dans une sécurité fatale les progrès menaçants des Turcs, leur marche sur l'Europe, où ils devaient bientôt camper dans les murs de la cité de Constantin, et mourut de chagrin de ne pouvoir soulager les maux des chrétiens d'Orient.

La maison de Bonaparte s'était mêlée dès le principe aux longues dissensions qui agitèrent l'Italie, partagée entre les *Guelfes* et les *Gibelins*. Fidèle à ce dernier parti, et trop compromise par sa fidélité même, quand il succomba elle fut forcée de fuir. Dépouillée et à peu près proscrite, elle vint demander l'hospitalité et une retraite à la Corse, qui l'accueillit avec générosité, et où elle ne tarda pas à s'allier aux plus puissantes familles de l'île.

Le jeune Napoléon, qui, plus tard, devait jeter tant d'éclat sur cette noble et antique famille, ne fut d'abord, comme lui-même l'avoue, qu'un enfant *curieux et obstiné*, d'un caractère vif et ardent. Naturellement fier, turbulent, il ne pouvait souffrir la dépendance; dans la famille, et avec ses compagnons de jeux, son instinct le portait à s'emparer de l'autorité et du commandement. Malheur à qui ne reconnaissait pas la domination de ce *jeune maître*; il l'en faisait repentir. Joseph, son frère aîné, devait, comme les autres, se plier à ses caprices et à ses volontés. Tourmenté, frappé, mordu quelquefois par le petit despote, il était encore prévenu auprès de sa mère, et, avant d'avoir pu dire un mot pour se plaindre, il lui fallait, pour surcroît de chagrin, entendre le reproche et la gronderie, comme s'il eût été le coupable. Toute sa vie, Bonaparte conserva sur son frère cet empire souverain. Parvenu au pouvoir, il imposait sa volonté à tous les membres de sa famille. Aucun, si on en excepte Lucien, qui se crut le droit de lui parler avec une noble fermeté, et il en fut puni, n'osait le contredire; tous tremblaient devant lui, et courbaient silencieusement la tête au moindre signe : on eût dit des *pachas* en face du grand-sultan.

Ce caractère impatient, hautain et dominateur n'était guère de nature à le faire aimer. Mais les esprits attentifs et observateurs, tout en regrettant de ne lui voir pas plus d'aménité, croyaient découvrir en lui des présages certains des hautes destinées auxquelles il devait s'élever un jour. Son enfance leur paraissait l'enfance d'un grand homme. Quelques circonstances où il fit paraître une volonté forte, inflexible, du courage et du sang-froid, donnaient plus de créance encore à cette opinion; nous n'en citerons que deux. Sa sœur Elisa avait fait une faute. Bonaparte eût pu, en la révélant, échapper au châtiment dont il était menacé, quoique innocent; mais cet aveu eût attiré à sa sœur une réprimande sévère; il se refusa obstinément à la trahir, aimant mieux se soumettre à une punition de sept jours. Une autre fois que la chute d'une poutre avait fait fuir toutes les personnes de la maison, Bonaparte encore enfant, demeura seul dans l'appartement menacé, et comme si déjà il eût voulu se jouer avec le danger et la mort, calme et tranquille, on le vit soulever ses petits bras pour braver ou du moins prévenir le péril. Tant d'intrépidité dans un âge aussi tendre marquait l'avenir de Napoléon, et on comprend que, sur son lit de mort, son oncle Lucien, entouré de ses neveux, ait dit à Joseph : *Tu es l'aîné de la famille, mais Napoléon en est le chef. Aie soin de ne pas l'oublier. On n'a pas besoin de songer à sa fortune, il la fera bien lui-même.*

Plus tard, en rapportant ces paroles, que les événements justifiaient complétement, Bonaparte se comparait en riant à Jacob se substituant à Ésaü dans le droit d'aînesse.

Élevé par des parents chrétiens et sur la terre classique de la foi, le jeune Bonaparte se pénétra de bonne heure des sentiments religieux. Une lettre qu'il écrivit le jour de sa première communion à son oncle, depuis le cardinal Fesch, la seule peut-être où il ait épanché dans une naïve candeur les douces et pieuses émotions de son âme, prouve assez qu'il s'était saintement préparé à ce grand acte de la vie chrétienne. Ces sentiments de foi et de religion qu'il avait puisés au foyer de la famille, on peut dire qu'il ne les perdit jamais entièrement. Comme bien d'autres sans doute, il parut longtemps les oublier. Les préoccupations de la politique, l'enivrement des grandeurs, les inquiètes sollicitudes de l'ambition qui dévorait son âme, les circonstances extraordinaires au milieu desquelles il fut jeté tout jeune encore, les hommes dont il crut devoir ménager les susceptibilités irréligieuses, pour s'élever et se maintenir au faîte de la puissance, tout cela réuni l'étourdit sur ses éternelles destinées, et lui fit perdre de vue une couronne autrement précieuse que celle qui brille un moment au front des rois de la terre. L'orgueil le rendit quelquefois indocile à l'Église, qui lui semblait un obstacle à cette domination universelle et sans contrôle, qui fut constamment son rêve de prédilection. Il fut plus que faible, il fut indigne de lui-même, quand il apostasia, du moins en apparence, le catholicisme qui avait béni son enfance, et qui devait consoler ses derniers jours; mais lorsqu'on étudie consciencieusement et sans préjugé cet homme étrange, il est difficile de ne pas reconnaître que la foi eut toujours de vigoureuses racines dans son âme, que jamais il ne fut incrédule par système, hostile par principes à la religion de ses pères, et qu'à son heure suprême il n'eut besoin, pour lui rendre un hommage solennel, que de prêter silencieusement l'oreille à la voix de son cœur, où s'étaient réfugiés, comme dans un indestructible sanctuaire, les sentiments dans lesquels il avait été nourri. Nous reviendrons sur cette grave question, quand nous parlerons de la mort du grand homme.

La famille Bonaparte, nous l'avons déjà dit,

était pauvre, et le jeune Napoléon grandissait.
Il était temps de penser à son avenir. A cet esprit vif et remuant, à ce cœur déjà violemment
soulevé par l'ambition, et qui ne rêvait qu'aventures et que gloire, le calme de la magistrature
ne pouvait convenir. La petite île témoin de ses
premiers jeux et de ses premiers triomphes était
un théâtre trop resserré pour ses désirs, qui plus
tard embrasseraient l'empire du vaste continent
de l'Europe; et cependant l'inflexible nécessité allait obliger son père à couper les ailes au
jeune aiglon dont le regard vif et perçant mesurait déjà les espaces qu'il brûlait de parcourir!...
Mais la Providence, qui, dans ses pensées mystérieuses, l'avait prédestiné pour relever un puissant empire, pour replacer sur les autels mutilés
la croix qui sauva le monde, et qui l'abrite encore après 1800 ans contre les tempêtes qui se
forment au ciel, lui ménagea des ressources inespérées. Le gouverneur de la Corse, M. de Marbœuf, le prit sous sa protection, et son crédit lui obtint une bourse à l'école militaire de
Brienne.

Étrange destinée! après quelques années d'un
rude noviciat, il sortira de cette petite ville dont

il a fait la gloire, pour s'élever rapidement aux premières dignités de l'armée et jusque sur le trône de Charlemagne, et, au moment marqué pour sa chute, il y reviendra humilié par ses revers, impuissant à retenir plus longtemps la victoire et l'empire dans ses mains affaiblies. En vain il tentera d'héroïques efforts; son artillerie criblera le château où jeune il s'est assis à la table d'un riche et puissant seigneur; des flots de sang rougiront les plaines où tant de fois il a promené silencieusement ses rêveries, ses vastes et ambitieux projets; ses grandeurs seront frappées du coup mortel là même où elles ont commencé; un moment encore, comme l'incendie qui s'éteint, il secouera pareillement sa cendre et jettera un dernier éclat sur le monde étonné; bientôt il tombera pour ne plus se relever!... Et pour que rien ne manque à cette imposante leçon donnée par le ciel à la terre, cette école militaire, où il a préludé à sa grande destinée, où bien des années après on croyait encore voir le fier conquérant de l'Europe élevant des retranchements, où on croyait l'entendre encore commander les manœuvres avec l'autorité et le sang-froid d'un vieux général, se convertira en un pieux asile. Des vierges timides, de pauvres carmélites prieront et gémiront, comme la pure colombe, sous les voûtes à moitié ruinées de l'édifice, ignorant peut-être que là où elles méditent en soupirant sur les gloires éternelles, unique objet de leur sainte ambition, là méditait autrefois, dans un sombre et sauvage silence, le jeune insulaire qui déjà pensait, dans ses rêves brûlants, à remplir le monde du bruit de son nom, et à ceindre sa tête d'une de ces couronnes qui devaient tomber du front des rois !...

A l'école de Brienne, le jeune Napoléon eut plus d'une fois besoin de courage et d'énergie. Humilié par ses camarades, moins encore pour sa pauvreté et pour son accent natal, qu'il avait très-prononcé, que pour l'originalité de son caractère sombre et rêveur, qui semblait le rendre étranger à tout ce qui se passait autour de lui, il dévorait le plus souvent en silence les moqueries et les affronts, comme s'il ne les eût pas sentis; quelquefois il s'en montrait vivement affecté, et alors son caractère impétueux, que sa mère avait inutilement essayé de fléchir, éclatait avec violence; les plus hardis tremblaient devant lui, tous étaient frappés de la supériorité du jeune insulaire, et leur contenance timide et embarrassée témoignait de l'ascendant qu'il exerçait sur eux. Presque toujours seul, retiré à l'écart dans les endroits les plus solitaires de l'école, pendant que ses compagnons se livraient à de bruyants ébats, tout entier à la lecture ou à de graves méditations, on l'eût pris pour un fervent novice se préparant dans un profond recueillement aux vertus austères et aux rudes sacrifices de la vie monastique; puis tout à coup, comme s'il n'eût pu s'accommoder du silence et de la solitude, il appelait, il pressait ses camarades. Sa voix était forte, animée, son regard plein de feu. Sous sa direction, on élevait des parapets et des redoutes, des bastions et des forts; on ouvrait de larges tranchées comme pour un siége meurtrier, et quand les travaux étaient achevés, il prenait le commandement, prescrivait l'ordre de l'attaque et de la défense, réglait avec une admirable précision le mouvement des deux partis, se portant rapidement du côté où son secours était le plus nécessaire, animant et soutenant tour-à-tour les assiégeants et les assiégés. On était étonné de ses ressources soudaines autant que fécondes; ses camarades, entraînés, électrisés, ne voyaient et n'entendaient plus que lui. Ainsi plus tard il devait ébranler les masses; et de puissantes armées, le regard attaché sur *ce Dieu des batailles*, voleraient à la victoire ou à la mort.

Bonaparte se montra toujours régulier, ami de l'ordre et de la discipline. Ces qualités précieuses auraient dû, ce semble, lui concilier l'estime et l'affection de ses maîtres. Mais la singularité de ses goûts, les brusqueries impétueuses de son caractère, quand il lui arrivait de sortir de ses habitudes de silence et d'isolement, son affectation apparente à fuir les douces expansions de l'amitié, pour se concentrer tout entier en lui-même, formaient contre lui des préventions que le temps seul put effacer. La plupart de ses professeurs se plaignaient avec raison de la lenteur de ses progrès. Faible dans ses humanités, il semblait affecter un mépris froid et raisonné pour la littérature, pour les langues et tous les arts d'agrément; il se livrait presque exclusivement à l'étude des mathématiques, où il obtint bientôt une supériorité marquée. Il rejetait avec dédain tous ces livres frivoles qui ont tant de charme pour l'imagination. L'histoire des grands hommes de l'antiquité était sa lecture de prédilection. Il aimait Arrien, Polybe, Plutarque, ce dernier surtout, pour qui il était passionné jusqu'à l'enthousiasme. Il ne manquait pas cependant d'une certaine éloquence naturelle. Son professeur de belles-lettres appelait ses compositions du *granit chauffé au volcan*, et quand il eut perdu, avec les années, le style emphatique de l'école, il s'exprimait à la manière des héros antiques et des grands hommes. Sa parole était ardente, énergique, riche d'images, souvent sublime dans sa concision, mais toujours un peu orientale.

Deux hommes cependant parurent bien comprendre le jeune élève et le venger par leur estime et leur affection des préjugés qui l'humiliaient. L'un était le père Patrault, son professeur de mathématiques. Ce vénérable religieux l'aimait avec prédilection, et se plaisait en toute circonstance à le proclamer comme son meilleur élève. Il le défendait avec chaleur, et un jour que Bonaparte, pour une faute assez légère, avait été condamné à revêtir l'habit de bure et à dîner à genoux à la porte du réfectoire, punition dont il fut d'ailleurs relevé par le supérieur, qui s'aperçut qu'au moment de la subir il éprouvait une violente attaque de nerfs; le bon moine accourut, se plaignant tout haut et avec une émotion visible qu'on eût eu la pensée d'infliger une semblable humiliation à un élève qui était la gloire de sa classe, et peu s'en fallut que le maître de quartier qui l'avait ainsi puni avec si peu de discernement ne fût chassé pour cet acte de brutalité.

L'autre était un jeune homme à peine âgé de 17 ans; déjà revêtu du froc grossier des moines, il se préparait par l'étude et la prière aux vœux de la religion. Né de parents pauvres, accueilli par charité par les minimes de Brienne, il ne pensait, il n'aspirait alors qu'au bonheur de passer tous ses jours à l'ombre du cloître. Jamais encore les pensées de l'ambition n'avaient agité son âme. Candide et innocent, le mot de gloire n'avait pas encore retenti au fond de son cœur : il demandait la vie douce et sainte du sanctuaire; il voulait être pauvre et ignoré dans l'humble maison du Seigneur. Mais le ciel avait d'autres vues sur lui, et l'autel n'était point sa vocation. On le lui dit un jour, et il le crut : il s'éloigna en pleurant de l'asile où il avait eu des jours

calmes et heureux, laissa à un autre néophyte
son froc grossier pour ceindre ses reins de l'épée
des braves. Les événements politiques lui permirent bientôt de déployer son génie hardi et
entreprenant. Il jure de défendre la France, de
repousser l'invasion qui menaçait ses frontières,
ou de mourir. La république lui donne une armée ; il l'organise, il l'échauffe de son brûlant
enthousiasme. Novateur heureux, il ne veut plus
des vieilles tactiques que le temps a consacrées ;
il modifie le système d'attaque et de défense ; il
apprend à faire la guerre rapidement, renvoie
fièrement aux siècles passés les lenteurs qui fatiguaient le soldat sans profit, et arrêtaient à
chaque pas sa marche victorieuse. On lui oppose
en vain des lignes que toute l'Europe regardait
comme imprenables ; il les force comme par miracle, et les ennemis ne savent que penser de
cette attaque soudaine qui ruine en un moment
toutes leurs espérances. Prompt à profiter de ses
avantages, il se porte en avant. Malgré la rigueur
du froid, il ne s'arrête pas, comme on le faisait
avant lui, à former le siége des places fortes qu'il
rencontre sur sa route ; il marche toujours, sur-
prend les armées coalisées, remporte en deux

jours trois victoires mémorables. Ce jeune conquérant de la Hollande, qui fut à Brienne le répétiteur de Napoléon, était Pichegru, arrêté tout à coup au début de sa glorieuse carrière, puis proscrit, fugitif, et qui ne revit la France que pour mourir étranglé dans un cachot, au moment où son élève, écrasant du pied les dernières résistances de l'anarchie, allait demander pour son front un diadème à sa patrie adoptive, qui ne pouvait plus rien lui refuser.

En 1784, malgré les moines de Brienne, qui voulaient encore le garder une année, et sur le rapport favorable du chevalier de Keralio, inspecteur des douze écoles militaires, Bonaparte passa à l'école de Paris. On a retrouvé dans les manuscrits laissés par M. le maréchal de Ségur, alors ministre de la guerre, la note que lui avait envoyée cet inspecteur. *M. de Bonaparte (Napoléon), né le 15 août 1769, taille de 4 pieds 10 pouces 10 lignes, a fait sa quatrième : de bonne constitution, santé excellente; caractère soumis, honnête et reconnaissant, conduite très-régulière; s'est toujours distingué par son application aux mathématiques; il sait très-passablement son histoire et sa géographie; il est faible dans les exercices d'agrément et pour le latin ; ce sera un excellent marin ; mérite de passer à l'école de Paris.*

Napoléon fut à Paris ce qu'il avait été à Brienne. Presque étranger au milieu de ses compagnons, et pourtant les dominant tous par l'énergie de son caractère ; fidèle à ses premières habitudes ; presque toujours seul et rêveur, d'une nature âpre et concentrée, il se livra avec la même ardeur à l'étude de l'histoire et des mathématiques, où il obtint constamment les plus brillants succès. Ce fut à cette époque qu'il commença à faire paraître cet esprit profondément organisateur, qui, plus tard, devait s'essayer sur la société tout entière, et la reconstituer sur de nouvelles bases. Ses regards furent blessés du luxe qui régnait dans une maison destinée à donner à la France de braves officiers, et il rédigea un mémoire, qu'il adressa à ses supérieurs, contre les vices de cette institution, dans un langage mesuré, mais où se révèle avec une noble franchise la mâle sévérité de l'homme *taillé à l'antique,* comme l'appelait le célèbre Paoli, qui croyait voir en lui *un des grands hommes de Plutarque ;* il se plaignait qu'on élevât dans la mollesse et au sein d'indignes recherches ceux qui, plus tard, devaient braver les fatigues, les veilles, les rudes intempéries des saisons, les rigueurs du froid, les brûlantes ardeurs d'un soleil de feu. Ce n'était pas ainsi que les Grecs et les Romains formaient les jeunes guerriers et les rendaient patients et invincibles. Ce n'était pas des courtisans qu'il fallait fournir à la cour des rois ; il y en aurait toujours trop ; mais des soldats qu'il fallait donner à la France, qui en manquait. *Que deviendraient, ajoutait-il, ces élèves du roi, tous pauvres gentilshommes, quand ils rentreraient au sein de leurs familles? Élevés dans des sentiments de suffisance et de vanité, dans l'amour de la gloriole, ils rougiraient peut-être de la noble pauvreté de leurs parents, et dédaigneraient leur modeste manoir....* Cette dernière réflexion surtout, dans un jeune homme de quinze ans, est profonde autant que juste ; il semblerait que c'est la prophétie de ce qui se passe tous les jours dans la société, telle que l'ont faite nos mœurs actuelles. Combien de pères qui auraient besoin de la méditer, quand vient l'heure de penser à l'avenir de leurs enfants !

En 1785, après un brillant examen, Napoléon obtint une sous-lieutenance vacante dans le régiment d'artillerie de La Fère ; deux ans plus tard, il fut fait lieutenant dans la même arme. Incorporé au régiment de Grenoble, et envoyé à Valence, où il séjourna plusieurs années, là il fit la connaissance de Mme Ducolombier, qui, par la trempe de son esprit et la distinction de ses manières, donnait alors le ton à la haute société de la ville. Cette dame ne se laissa pas tromper aux formes rudes et un peu sauvages du jeune lieutenant ; elle le devina et le comprit presqu'au premier aspect. Elle vit en lui un homme déjà supérieur par la nature ardente de son génie et l'énergie de son caractère, qui devait, si les circonstances lui venaient en aide, se faire un grand avenir, et laisser bien loin derrière lui cette foule de jeunes gentilshommes, si fiers de leur nom et de leur fortune. Auprès d'elle, et dans les brillantes réunions dont elle lui avait facilité l'entrée, Napoléon dépouilla insensiblement cette humeur chagrine et taciturne qui lui avait fait tant d'ennemis à l'école. Il perdit quelque chose de sa rudesse native, et il sentit le besoin d'épancher cette surabondance de pensées qui fatiguaient sa brûlante imagination. Sa conversation, quoique souvent incorrecte et saccadée, ne manquait pas pourtant d'un certain intérêt : elle était vive, prompte, incisive, pressée, et de temps en temps il en jaillissait comme des éclairs qui frappaient tous les esprits ; on l'écoutait avec plaisir, souvent avec admiration.

Cependant, cette vie monotone ne pouvait aller longtemps au génie ardent et aventureux de Napoléon. Que pouvaient la société et ses frivoles plaisirs pour un homme dont toutes les conceptions avaient quelque chose de grand et de surhumain ; qui, tout enfant, avait rêvé de mystérieuses destinées, à qui il fallait absolument de la gloire, dût-il l'acheter par de longues fatigues, par d'héroïques sacrifices !

La guerre, il l'appelait de toute l'ardeur de son âme, et aucun bruit de guerre ne se faisait encore entendre, même dans le lointain. Son inquiétude naturelle le poussait au dehors, comme le feu qui bouillonne dans les flancs de la montagne, et qui la déchire violemment pour n'être pas plus longtemps captif. Aussi, par besoin plutôt que par goût et par attrait, Napoléon voulut sortir de lui-même et consacra à quelques écrits les loisirs que lui laissait la vie de garnison. A Paris, où il venait ordinairement passer le temps de son congé, il avait rencontré l'abbé Raynal, un des plus ardents champions des idées philosophiques. Séduit par l'accueil bienveillant qu'il en avait reçu, il lui dédia le commencement d'une histoire de la Corse, que le temps et les événements ne lui permirent pas d'achever. Ce manuscrit n'existe plus, du moins toutes les recherches pour le retrouver sont demeurées sans résultat, et il est à présumer que l'auteur, élevé plus tard au faîte de la gloire et de la puissance, anéantit lui-même cette production de sa jeunesse, la regardant peut-être comme indigne de son grand nom. Ce qui est certain, c'est que, devenu empereur, il fit rechercher, par les soins de M. de Talleyrand, un Mémoire que, sous le voile de l'anonyme, il avait adressé, à la même époque, à l'académie de Lyon, et qui avait obtenu le prix du concours. Le hasard voulut, avant qu'il le jetât au feu, qu'on en prît à la hâte une copie que le général Gourgaud a publiée tout récemment.

Dans ce Mémoire, le seul monument littéraire qui nous reste de lui, et, à ce titre, précieux pour la postérité, Napoléon avait à traiter cette question proposée par l'Académie : *Quels sont les principes et les institutions à inculquer aux hommes pour les rendre le plus heureux possible ?* Comme on peut bien l'attendre de son caractère, le style en est original, sans être dépourvu de coloris et même d'éloquence. Il y a de la rapidité, des transitions heureuses, quoiqu'elles paraissent brusques et soudaines ; le ton en est agréablement varié, et on suit l'auteur avec intérêt et sans effort, soit qu'il s'élève aux graves et austères considérations du moraliste, soit qu'il épanche avec un tendre abandon les douces et pieuses inspirations d'une âme profondément sensible. Mais, il faut bien le dire, et Napoléon l'a bien reconnu lui-même, ce travail était loin de présager l'homme qui allait bientôt affronter la tempête soulevée par la plus étonnante révolution, changer l'Europe en un vaste champ de bataille, où le sang des hommes coulerait par torrents, et appesantir son sceptre de fer sur le peuple que pourtant il a toujours aimé, et qui l'a élevé sur le pavois au nom de la liberté et de la paix !...

CHAPITRE II.

La révolution éclate en France. — Premières armes de Napoléon.

Napoléon était encore à Valence, simple lieutenant d'artillerie, lorsque la révolution, qui depuis longtemps s'agitait sourdement dans les esprits, jeta au monde étonné et tremblant ses premiers défis, et engagea au grand jour la lutte terrible dont elle avait habilement préparé le succès. A ce hardi défi, la France se trouva violemment partagée en deux camps. Les uns, dans la prévision du sanglant dénoûment qui devait couronner ce drame tragique, furent frappés d'une indicible terreur. Les deux premiers corps de l'Etat, le clergé et la noblesse, firent entendre le cri d'alarme ; ils sentaient chanceler l'autel et le trône ; le même orage devait frapper, briser l'un et l'autre, et en disperser les ruines. Les autres saluaient avec enthousiasme ce premier mouvement, comme le prélude d'un meilleur avenir. Les masses, dont on avait travaillé les passions, se laissèrent facilement séduire aux espérances d'affranchissement et de liberté. Le philosophisme se promit le triomphe de ses doctrines, et l'heure si impatiemment désirée où il pourrait humilier et proscrire l'antique religion qui importunait son orgueil jaloux et haineux. L'ambition vit s'ouvrir, s'agrandir et s'étendre la carrière des honneurs et des dignités que d'infranchissables barrières lui avaient tenue jusqu'alors fermée ; elle espéra s'élever au milieu des commotions et sur les débris des grandeurs renversées.

Par caractère, aucun homme peut-être n'était moins révolutionnaire que Napoléon. Sa grande âme méprisait profondément ces factieux de bas étage, ces farouches prôneurs d'une liberté sauvage, qui n'avaient d'autre inspiration que de détruire, que d'égorger tout ce qui leur faisait ombrage, qui se ruaient avec la rage de la frénésie contre tout ce qu'il y a de noble et de sacré sur la terre, la fidélité et la vertu. Leur langage, leurs allures, leurs mœurs grossières et ignobles ne lui inspiraient que de l'horreur et du dégoût. Si sa naissance l'eût fait roi, lui, il n'eût pas fléchi, il n'eût pas mollement déposé sa couronne et son sceptre à la voix tumultueuse et insolente de ce que, dans son énergique indignation, il appelait *une vile canaille*; il n'eût pas porté, avec l'angélique résignation d'un martyr, sa tête nue et décoronnée sur un échafaud, pour que le bourreau la présentât sanglante à une populace ivre de débauches. Il se serait levé majestueusement sur son trône; d'une voix forte et imposante, il eût commandé le silence aux passions fougueuses qui se débattaient convulsivement dans ces jours de délire, et, si sa parole eût été impuissante à étouffer les premiers cris de la révolte, il eût tiré du fourreau son redoutable glaive : à la tête de ses serviteurs dévoués, il eût noblement défendu le vieux trône de saint Louis, il eût enchaîné la révolution, ou il serait mort en roi, l'épée à la main.

Mais Napoléon n'était qu'un pauvre gentilhomme; dans les conditions où s'était placée l'ancienne monarchie, il ne pouvait aspirer au plus qu'au grade de colonel d'artillerie. Jeune et plein d'ambition, ardent et inquiet, avide de gloire et d'élévation, il entrevit dans la révolution l'aurore d'une ère nouvelle qu'il salua avec un vif enthousiasme, comme s'il eût senti en lui le premier travail de cet enfantement laborieux qui devait le faire naître à de grandes destinées. Aussi, il condamna hautement ceux de ses compagnons d'armes qui crurent devoir à leur nom et à leurs serments d'abandonner la France; dans ses conversations et dans ses lettres, il défendit avec chaleur les idées et les principes qui dominaient alors, et son zèle lui valut les éloges de la *société patriotique* d'Ajaccio.

Les événements, à cette époque, se pressaient : la révolution marchait à pas de géant dans les voies où elle était entrée, et démolissait pièce à pièce l'édifice auquel avaient travaillé quatorze siècles. Elle avait enlevé à l'infortuné Louis XVI jusqu'à l'ombre même de la royauté. Enfermé dans la tour du Temple, il attendait avec calme, quoique sans espoir, son jugement ou plutôt sa condamnation prononcée à l'avance par ceux qui ne pouvaient lui pardonner d'avoir porté une couronne et le nom de roi. Pendant ce temps, Napoléon, devenu capitaine d'artillerie, combattait en Corse le célèbre Paoli, qu'il avait admiré comme un héros, aimé comme un père. Traître à la France, qui l'avait accueilli avec distinction et enthousiasme, qui l'avait fait gouverneur général de l'île qui formait la 27e division militaire, frappé d'un décret de proscription qui mettait sa tête à prix, Paoli avait levé l'étendard de la révolte, et, sous le prétexte de l'indépendance, il avait lâchement vendu son pays aux Anglais. Partagé entre ses affections et son devoir, Napoléon n'hésita pas un moment : il se déclara l'ennemi de Paoli, et marcha contre Ajaccio à la tête de sa compagnie. Forcé de fuir après avoir vu les propriétés de sa famille pillées et incendiées, banni par ses concitoyens, il revint en France. Mais, avant de quitter la Corse, il jura à l'Angleterre une haine implacable. L'occasion devait bientôt s'offrir d'engager contre cette irréconciliable ennemie la lutte longue et terrible qui se dénoua sur le roc de Sainte-Hélène.

Le royal captif du Temple n'était plus : sa tête avait roulé sur l'échafaud !..... La convention régnait par la terreur.... Ses farouches proconsuls, rivalisant entre eux de cruauté, décimaient par la guillotine les populations soumises à leur pouvoir despotique... Le sang le plus pur coulait par torrents ; la France, muette de frayeur, courbait en tremblant son front humilié, étouffant son indignation et ses pleurs. L'héroïque Vendée, seule, s'était levée, protestant contre le joug barbare qu'elle ne voulut jamais subir, et ses rudes enfants, devenus tous soldats, luttaient avec toute l'énergie de la foi contre des armées bien disciplinées et conduites par de vaillants chefs. Le midi avait bien tenté de se soulever, mais Lyon avait expié dans des torrents de sang un moment de courage, et les insurgés, poursuivis de tous côtés par les troupes républicaines, s'étaient réfugiés dans les murs de Toulon, dont une indigne trahison venait de livrer à un amiral anglais le port, l'arsenal et la flotte tout entière.

Le peintre Cartaux, que son ardent patriotisme et quelques victoires faciles avaient fait élever rapidement au grade de général en chef, fut chargé par la république de reprendre Toulon et de brûler la flotte ennemie. Au bout de trois jours, il devait avoir accompli cette double mission. Ainsi l'avaient réglé, de Paris, des hommes complétement étrangers à l'art de la guerre, et qui s'imaginaient qu'il devait être aussi facile de s'emparer d'une ville forte défendue par quinze mille hommes, protégée par plusieurs forts garnis d'une artillerie formidable, que de faire briser les portes d'une prison par une populace en délire, et égorger d'inoffensifs prisonniers qui s'offraient d'eux-mêmes au fer de leurs assassins... Napoléon, qui venait d'être fait chef de brigade, fut envoyé pour prendre le commandement de l'artillerie, sous les ordres du général Dommartin. Mais ce brave officier, assez gravement malade, fut obligé de se reposer de tout sur son jeune commandant.

Arrivé sous les murs de Toulon, Napoléon jugea tout autrement que le comité de salut public de l'importance et des difficultés du siége. Le général en chef n'avait rien prévu ; l'artillerie manquait pour les opérations. La prodigieuse activité de Napoléon eut bientôt réparé cette faute. Cent pièces de gros calibre furent en état de bombarder la place et les forts qui la protégeaient. Il fallait un plan, car on n'y avait pas

encore pensé. Napoléon exposa ses vues avec
une noble franchise, assurant, si elles étaient
suivies, que la place serait bientôt forcée de se
rendre. Tout le conseil applaudit à la sagesse
du jeune officier ; Cartaux seul, aussi présomp-
tueux qu'inhabile, rejeta avec fierté son plan
d'opérations, et les Anglais eurent le temps de
fortifier le point qu'il avait signalé, et dont
l'occupation eût entraîné la prise de la place
entière.

Mais les événements ne tardèrent pas à donner
raison au jeune officier d'artillerie. Malgré tout
le courage de nos soldats, les premières opérations furent assez malheureuses, et Cartaux dut
abandonner le commandement en chef, convaincu d'avoir, par son orgueil et son impéritie,
compromis le succès de nos armes. Le corps de
l'artillerie était découragé et refusait son concours. Napoléon imagina alors un de ces moyens
dont il se servit dans la suite avec un prodigieux
succès pour relever ou électriser le moral de ses
soldats. Une batterie avait été élevée en face du
fort Mulgrave ; mais, à peine démasquée, elle
avait été foudroyée par l'artillerie ennemie, et
les canonniers, frappés d'effroi, ne voulaient plus

la servir. Cette batterie cependant ne pouvait être abandonnée ; il fallait, à quelque prix que ce fût, se rendre maître du fort ; c'était le point capital. Napoléon le savait : il donna donc l'ordre à un sergent d'écrire en gros caractères, en avant de la batterie : *Batterie des hommes sans peur*. Dès ce moment, tous les canonniers se présentèrent avec enthousiasme, se disputant l'honneur de la servir. Debout sur le parapet, Napoléon commanda le feu, qui s'ouvrit le 14 décembre et dura jusque dans la nuit du 17, où le fort fut emporté à la suite d'une attaque générale. Napoléon fit des prodiges de valeur ; il pénétra des premiers dans le fort, et, sans un brave officier nommé Muiron, qui lui sauva la vie, il n'eût pas eu même la consolation de jouir de son premier triomphe.

Comme Napoléon l'avait bien pensé, la prise du fort Mulgrave décida du sort de la place ; les Anglais ne pensèrent même pas à la défendre plus longtemps. Ils s'éloignèrent de Toulon après avoir détruit le magasin général, celui de la Grande-Mâture, incendié l'arsenal et brûlé neuf vaisseaux de haut bord et quatre frégates. Le temps et la loyauté des Espagnols, qui refusaient de se prêter aux vengeances britanniques, ne leur permirent pas de signaler leur fuite par de plus grands désastres. Le même jour, les portes de la ville furent brisées, et l'armée française y entra triomphante.

Ainsi, dès son début, Napoléon fait paraître toute l'intrépidité d'un héros, le coup d'œil et le génie d'un guerrier consommé dans le métier des armes. Son regard sûr et pénétrant embrasse à la fois les difficultés et les ressources; il désigne le point qui doit décider de la victoire ; il la promet avec une noble confiance, et il a si bien vu, qu'il faut plus tard revenir forcément au plan d'attaque qu'il a développé, et que le nouveau général en chef, le vieux Dugommier, n'hésite pas un moment à se résigner aux plus grands sacrifices pour s'emparer de ce point important, qu'il lui faut acheter avec le sang de mille de nos soldats. Ce brave officier, l'une des gloires de notre vieille armée, rendit loyalement justice au mérite du jeune commandant de l'artillerie. Ainsi que Gasparin, un des commissaires de la république, appelé au commandement en chef de l'armée des Pyrénées, il sollicita, mais en vain, la faveur de l'emmener avec lui, et le désigna au ministre de la guerre pour le grade de général de brigade, qui ne lui fut pourtant conféré que six semaines après, avec l'honorable mission de déterminer l'armement des côtes de la Méditerranée. Napoléon n'oublia jamais les deux hommes qui l'avaient si bien compris au début de sa carrière militaire. La mort les frappa tous deux avant qu'il pût leur prouver sa reconnaissance. Leurs héritiers, du moins, surent plus tard qu'il n'était pas ingrat : il leur laissa dans son testament un souvenir digne de lui.

Ce fut au siége de Toulon que Napoléon distingua deux soldats obscurs : Duroc, qu'il fit dans la suite grand-maréchal du palais, et qui, pendant dix-sept ans, fut son ami, son confident, et le jeune Junot, alors simple sergent, qui parvint rapidement aux premières dignités de l'armée, et mourut duc d'Abrantès. Une circonstance assez singulière le fit connaître à Napoléon. Celui-ci avait besoin de dicter un ordre : il demande un homme qui sût écrire. Junot se présente, et comme il écrivait sur l'épaulement d'une batterie, un boulet le couvre de terre, lui et son papier. *Bon, dit le sergent, je n'aurai pas besoin de sable.* Ce mot l'avait révélé tout entier à l'homme qui savait si bien juger des autres hommes.

Cependant Bonaparte avait parcouru toutes les côtes de la Méditerranée, et dans un rapport remarquable, adressé à la convention, il avait indiqué tous les moyens de les mettre dans un état de défense respectable. A peine de retour, il fut envoyé à l'armée d'Italie pour y prendre le commandement en chef de l'artillerie. Comme il l'avait fait à Toulon, il proposa un plan d'opérations habilement conçu et d'après lequel l'armée se trouva bientôt maîtresse de toute la chaîne supérieure des Alpes maritimes. Communiquant ainsi avec le col d'Argentière, quatre mille prisonniers, soixante-dix pièces de canon, deux places fortes, Orseille et Saorgio, furent les résultats inespérés de cette brillante campagne dont toute la gloire revint encore au jeune commandant d'artillerie. *C'est au talent du général Bonaparte,* écrivait le général en chef, *que je dois les savantes combinaisons qui ont assuré notre victoire.* Nobles et loyales paroles! L'envie ne les accueillit qu'avec peine, et bientôt Bonaparte, devenu suspect, cité à la barre de la convention, où il refusa de comparaître, accusé de favoriser le parti des émigrés, parce que sa grande âme s'était refusée à laisser égorger les restes malheureux d'une famille illustre, fut obligé de rentrer dans la vie privée jusqu'à ce que les événements qui se passaient à l'intérieur, et la révolte des sections forçassent ses ennemis eux-mêmes à le rappeler pour conjurer les dangers qui menaçaient la république. On connaît la journée du 14 octobre 1795 (12 vendémiaire an IV). Par une manœuvre aussi habilement conçue qu'énergiquement exécutée, quelques heures suffirent à Bonaparte pour dissiper les attroupements. Par ses soins les sections furent désarmées et la garde nationale réorganisée sur un nouveau plan, qui devait donner plus de force et de garanties à cette institution si utile à la patrie.

Nous laissons aux historiens de la révolution de redire tous les actes sanglants de ce grand drame, où le crime et l'ambition se disputaient tour à tour et avec acharnement une autorité toujours chancelante, toujours menacée. L'*homme* qui nous occupe était trop supérieur à ces viles intrigues, et il ne se mêla jamais aux hideuses passions qui en étaient l'âme. Soldat, il sut vaincre, comme plus tard, ceint d'une couronne, il sut régner. La gloire fut constamment son unique idole; quelquefois, il l'acheta par de grandes fautes, jamais par des monstruosités, comme on vit à cette époque de triste mémoire. Nous nous hâtons donc de le considérer sur le nouveau théâtre où il va déployer librement toute la puissance de son grand génie.

CHAPITRE III.

Campagnes d'Italie, d'Égypte et de Syrie.

(1796 à 1799.)

La Vendée était toujours sous les armes. La république y envoyait en vain ses légions et ses généraux. Victorieuse ou vaincue, la Vendée conservait son drapeau et son cri de guerre : *Dieu et le roi*. Le gouvernement offrit alors à Bonaparte le commandement de l'armée destinée à combattre cette héroïque insurrection. Il le refusa. Il avait horreur de la guerre civile; il estimait le courage et le dévouement de ces rudes guerriers aussi intrépides sur un champ de bataille que fervents et humbles dans la prière. Il les appelait des *géants*, et ce nom qui leur est resté est devenu à jamais leur gloire.

L'Angleterre, l'Autriche, le Piémont, Naples, la Bavière, tous les princes de l'Allemagne et de l'Italie persévéraient dans leur coalition contre la France. L'Autriche avait des armées nombreuses qui se présentaient à la fois sur les bords du Rhin et au delà des Alpes. Le directoire, qui venait de se former, craignait surtout cette puissance, la seule alors qui pût menacer sérieusement nos frontières, et toute son attention se portait sur l'Italie, où se préparaient les plus graves événements. Le vieux Kellermann, le vainqueur de Valmy, avait été remplacé dans le commandement de l'armée d'Italie par le brave Schérer, célèbre par la prise de Valenciennes, et qui venait de livrer le beau combat de Vado. D'une valeur incontestée, ce général ne savait pas profiter des avantages de la victoire, et le directoire sentit qu'il fallait donner un autre chef à cette armée qui devait, en écrasant l'Autriche, faire la conquête de l'Italie; il nomma Bonaparte.

Onze jours auparavant, le jeune général avait épousé Joséphine Tascher de la Pagerie, veuve de Beauharnais, mort sur l'échafaud, sous le règne de la terreur. La noble démarche de son fils, Eugène, lui réclamant l'épée de son père, qui lui avait été enlevée lors du désarmement des sections, lui avait donné occasion de connaître Mme de Beauharnais (1). Il avait admiré le pieux dévouement du fils, il aima bientôt la mère d'une affection profonde. Il ne vit ou ne voulut pas voir en elle la femme qui n'avait pas su porter saintement le malheur, qui s'était liée avec les juges et les meurtriers de son époux; il fut frappé de sa douceur et de sa bonté; il crut qu'il serait heureux auprès d'elle. L'avenir ne répondit pas à ces douces illusions, et quelques années plus tard, il la répudia pour épouser une princesse autrichienne.

Bonaparte n'avait que 27 ans quand il fut nommé au commandement de l'armée d'Italie. Toutes les préventions étaient contre lui, et il

---

(1) On sait que l'impératrice Joséphine était très-crédule; elle avait une grande confiance dans la divination : elle prétendait qu'une magicienne lui avait prédit dans sa jeunesse qu'elle porterait un jour la couronne de France. La célèbre Mlle Lenormand la visitait assez souvent.

put s'en apercevoir à la froideur qui l'accueillit.
Officiers et soldats, tous accusaient son inexpérience ou jalousaient cette grande fortune que rien ne semblait encore justifier. On se moquait de son triomphe facile sur une révolte de carrefour; on le blâmait d'avoir impitoyablement mitraillé le peuple de Paris; on lui faisait un crime des faveurs de Barras. Son extérieur même augmentait encore cette défiance. Que pouvait-on espérer de grand d'un homme dont la taille était petite et grêle, et qui, jeune encore, portait déjà, sur ses joues creuses et livides, l'empreinte d'une fatigue et d'une vieillesse prématurées ? Puis il allait succéder à des généraux qui s'étaient acquis un nom glorieux, et il fallait faire mieux encore. Il devait commander à des hommes de guerre déjà connus par de grands succès, par de brillants faits d'armes ; il aurait sous ses ordres le valeureux et invincible Masséna, tout rayonnant encore de la victoire de Loano; le brave Augereau, qui avait triomphé des fortes murailles et de l'opiniâtre résistance de Figuières; Victor, qui, au siége de Toulon, avait commandé avec éclat une division d'infanterie; Laharpe, Serrurier, Joubert, Cer-

voni, dont les armées de la république avaient
plus d'une fois admiré le courage intrépide ; il
aurait à combattre, à vaincre quatre-vingt mille
Austro-Sardes, soutenus par deux cents pièces
d'artillerie, avec une armée qui comptait à peine
trente mille hommes et trente pièces de canon,
sans argent, sans vivres, sans habits, presque
sans armes, sans munitions, dans un pays ruiné
par quatre ans de guerre, souvent découragée,
toujours indisciplinée, presque perdue dans les
rochers de la Ligurie, dans une position fausse,
aventurée, et qui, avant de commencer la guerre
véritable à laquelle elle était destinée, avait à
emporter d'assaut d'inexpugnables glaciers, dé-
fendus par deux grandes armées bien pourvues,
bien organisées et abritées derrière de formidables retranchements. Le jeune général n'hésite pourtant point. Il avait foi dans son génie
et dans sa fortune, son rêve allait s'accomplir,
et l'Italie devenir sa conquête. Arrivé à Nice,
le quartier général : « Soldats, dit-il, vous êtes
» mal nourris, vous êtes nus ; le gouvernement
» vous doit beaucoup et ne peut rien pour
» vous. Votre patience, votre courage vous ho-
» norent, mais ne vous procurent ni avantage

» ni gloire. Je vais vous conduire dans les
» plaines les plus fertiles du monde; vous y
» trouverez de grandes villes, de riches pro-
» vinces; vous y trouverez honneur, gloire et
» fortune. Soldats d'Italie, manqueriez-vous
» de courage? » Ce noble défi, jeté hardiment
à la valeur des soldats français, fait tressaillir
ces vieux guerriers. Toute l'armée lui répond
par d'enthousiastes acclamations; la confiance
du chef a passé dans tous les cœurs; il peut
maintenant tout oser; aux yeux de ses soldats,
il est plus qu'un héros : c'est presque le Dieu
des batailles; avec lui, la victoire est certaine.

Bonaparte n'avait pas un moment à perdre.
Deux armées, l'une piémontaise, commandée
par Colli, l'autre autrichienne, sous les ordres
de Beaulieu, général célèbre, débordaient les
troupes françaises. Colli voulait couvrir le Piémont, et Beaulieu se mettre en communication,
du côté de la mer, avec Gênes et la flotte anglaise. Il fallait séparer les deux armées ennemies, pénétrer dans leur centre par le col le plus
bas de l'Apennin, les attaquer séparément. Beaulieu devina la pensée de son ennemi, et prit en
conséquence ses dispositions. Les Autrichiens

enlevèrent quelques postes, et gagnèrent du terrain; mais ils furent arrêtés devant la redoute de Montelegino, qui leur fermait la route de Montenotte. Rampon, à la tête de douze cents hommes seulement, avait été chargé de défendre cette importante position, et il la disputa à l'ennemi avec un courage qui rappelle les plus beaux faits d'armes de l'antiquité. Trois fois l'infanterie autrichienne tout entière s'élance pour s'en emparer; trois fois cette faible poignée d'hommes la repousse avec perte. Les munitions manquent aux républicains, l'ennemi est au pied des retranchements; au milieu du feu le plus meurtrier, le brave Rampon fait prêter à ses soldats le serment de mourir jusqu'au dernier dans la redoute, et des prodiges de valeur répondent à cet engagement sublime. Le lendemain, Bonaparte envoya Laharpe secourir Rampon, et les Autrichiens, attaqués de front et sur les ailes, abandonnèrent la redoute et se dispersèrent. L'armée française avait pris l'offensive, et Beaulieu, battu sur tous les points par les savantes manœuvres du général en chef, fuyait sur Dégo, laissant plus de deux mille prisonniers et le champ de bataille jonché de morts. La victoire de Montenotte ouvrait à Bonaparte la route de l'Apennin.

La pensée du général français était réalisée : il avait réussi à séparer les deux armées; c'était le seul moyen de les vaincre, et sans donner de repos à ses troupes fatiguées du glorieux combat de la veille, il ordonne une double attaque, dont le succès devait être si décisif pour son plan d'opérations. Pendant qu'Augereau abordait les Piémontais retranchés dans les gorges profondes de Millésimo, et les forçait, après une lutte acharnée de quarante-huit heures, à peine interrompue par la nuit, d'abandonner cette formidable position, Laharpe et Masséna attaquaient les Autrichiens rangés en bataille à Dégo, où ils venaient de recevoir de nouveaux renforts. Le combat fut des plus vifs ; Dégo fut emporté par nos soldats, mais à la faveur de la nuit il fut repris par les Autrichiens, et le lendemain la lutte recommença avec plus d'acharnement encore. Les grenadiers autrichiens se défendirent bravement, et un moment les Français parurent hésiter ; mais bientôt, redoublant de courage, ils se précipitèrent sur les bataillons ennemis, qui ne purent résister à ce choc impétueux. La victoire couronna leur audacieux courage : ils restèrent maîtres de Dégo. Il y avait cinq jours qu'on se battait sans relâche.

L'ennemi, outre un grand nombre de morts et de blessés, laissait au pouvoir des Français neuf mille prisonniers, trente-cinq pièces de canon et vingt drapeaux, que Bonaparte fit porter au directoire par Murat, un de ses aides de camp, depuis son beau-frère et roi de Naples. Les Autrichiens et les Piémontais fuyaient par des routes opposées ; le général français pouvait sans obstacle pénétrer au delà des monts, porter au cœur même de l'Italie le centre de ses opérations. Le chemin de la Lombardie et du Piémont lui était ouvert; *les Alpes étaient tournées.* L'armée tout entière suivait avec admiration et enthousiasme son jeune chef, et elle se croyait désormais invincible. En vain le Piémontais Colli tenta d'arrêter cette marche rapide; chassé de toutes ses positions, à Céra, à Cursaglio, à Mondovi, où il abandonna le champ de bataille avec une perte de trois mille hommes, il ne put défendre l'importante place de Chérasco, dont les Français prirent possession, et le roi de Sardaigne demanda un armistice qu'il n'obtint qu'en donnant pour garantie Coni, Tortoni et Alexandrie, et en fournissant à nos troupes d'immenses magasins qui devaient pour longtemps les pourvoir de vivres et de vêtements.

Sans s'arrêter un moment, Bonaparte laisse derrière lui le Piémont; il veut, en passant, conquérir le Milanais. Mais son véritable but est Mantoue; il sait que le jour où tomberont les remparts de Mantoue, la maison d'Autriche devra se défendre dans ceux de Vienne. Le général Beaulieu, qui n'est plus appuyé par l'armée sarde, se résout néanmoins à lui disputer courageusement le passage; il concentre toutes ses forces entre la Sésia et le Tésin; sa position est avantageuse; mais une manœuvre habile lui donne le change; Bonaparte passe le fleuve, et occupe, sans coup férir, Plaisance, Fombio et Casal. Cependant, restait à traverser l'Adda, un des affluents qui, du haut des Alpes, viennent grossir le Pô; l'entreprise était difficile, hasardeuse; Bonaparte n'hésite pas, et il se dirige vers le pont de Lodi, où l'a devancé l'armée autrichienne, qui, de ses nombreux bataillons, couvre la rivière, le pont et la ville. Quelques moments d'une attaque meurtrière lui suffisent pour débusquer l'ennemi de Lodi. Mais douze mille hommes d'infanterie, quatre mille hommes de cavalerie, et vingt pièces de canon qui ont ouvert un feu terrible sont là sur l'autre rive, qui semblent défier le courage le plus hardi de tenter le passage. Tout autre que Bonaparte se fût arrêté devant des difficultés aussi formidables ; lui, il n'en a pas même la pensée ; au milieu d'une grêle de balles et de boulets, il a disposé son plan d'attaque : sa cavalerie remontera l'Adda pour la passer à un gué au-dessus de Lodi, tandis que six mille grenadiers, sous les ordres du brave Masséna, formés en colonnes et serrant leurs rangs, s'élancent sur le pont au pas de course. En vain l'artillerie ennemie les mitraille et ouvre leurs rangs ; encouragés par la voix et l'exemple de leurs chefs, ces intrépides soldats se précipitent en aveugles sur les batteries fumantes, massacrent les canonniers, et culbutent cette vieille infanterie autrichienne qui leur opposait comme un mur d'airain. Au même moment, la cavalerie, qui avait trouvé un gué, débouchait sur la gauche, et la victoire était complète.

Ce beau fait d'armes, un des plus glorieux

qu'aient eu à enregistrer nos annales, ouvrit à Bonaparte Crémone et Pavie; mais il marcha droit sur Milan. Il n'eut pas besoin d'en faire le siège : l'archiduc avait été obligé de l'abandonner, et s'était retiré devant le parti qui travaillait alors à révolutionner l'Italie, et qui, maître de la ville, se disposa à recevoir en libérateur le général français. Le 15 mai (26 floréal), un mois après l'ouverture de la campagne, Bonaparte fit son entrée à Milan au milieu d'un concours immense et des acclamations enthousiastes du peuple. Peut-être, pour lui, ce jour fut le plus beau, le plus heureux de sa vie. C'était son premier triomphe : l'antique capitale des rois lombards était, pour ainsi dire, à ses pieds. La foule se pressait pour contempler ce jeune héros dont à peine elle savait le nom la veille, et qui, dès le début de sa carrière, égalait sa renommée à celle des plus grands capitaines. Ses soldats et ses généraux lui donnaient les premiers témoignages de ce respect que commande le génie, et qui devait jusqu'à la fin s'attacher à sa personne; et, du palais de Milan, il correspondait en maître avec le directoire, forcé, malgré sa fierté, de subir la supériorité de cet homme étrange qui déjà dominait tout de son irrésistible puissance.

Avant de marcher sur l'Adige, Bonaparte organisa militairement le pays conquis, qu'il imposa à une contribution de 20 millions de francs, et reçut la soumission du duc de Parme. Le duc de Modène obtint de lui un armistice au prix de sommes considérables ; mais, au moment où il croyait pouvoir poursuivre paisiblement ses opérations, une insurrection populaire qui menaçait sa domination en Lombardie le rappela à Milan. Malgré l'assurance qu'il avait donnée de respecter la religion, le peuple, revenu de son premier enthousiasme, craignit pour le culte de ses pères ; les nobles, qui voulaient ressaisir les droits qui leur avaient été enlevés ; les prêtres qui tremblaient de voir l'Italie soumise au système impie qui, en France, avait brisé les autels et persécuté les ministres du Seigneur, favorisaient le mouvement, et bientôt les populations se soulevèrent en armes, et le tocsin sonna dans toutes les campagnes. Bonaparte marcha contre les insurgés, qui s'étaient retranchés à Benasco et à Pavie, et les traita avec la dernière rigueur. Benasco fut

brûlé, et Pavie, prise d'assaut, livrée au pillage.
Tout rentra dans l'ordre, et la Lombardie fut
organisée en république qui prit le nom de
Cisalpine.

Plus que jamais, l'occupation de Mantoue devenait nécessaire ; Bonaparte en sentait toute l'importance ; mais le siége de cette ville offrait les plus grandes difficultés. Environnée de fortifications formidables, protégée par un lac et un terrain marécageux qui en défendait les abords, armée de quatre cents pièces de canon, elle avait une garnison de trois mille hommes, commandée par le général Beaulieu, qui s'y était renfermé avec les débris de ses troupes. Le maréchal Wurmser et le général Mélas descendaient du Tyrol à la tête de plus de cent mille combattants ; culbutant la division de Masséna, ils accouraient pour secourir Mantoue, et déjà ils menaçaient Vérone et coupaient à Bonaparte sa retraite sur Milan. La position était critique, le péril extrême. L'Italie applaudissait à l'avance à son affranchissement, et répétait son vieil adage : *qu'elle était le tombeau des Français :* Naples rompait son armistice, et envoyait ses armées vers le nord, pour avoir sa part du triomphe qu'on croyait assuré..... Bonaparte se reposait toujours sur son génie et sur sa fortune.

Pour la première fois, il réunit ses généraux en conseil. Tous, à l'exception du brave Augereau, opinaient pour la retraite ; un seul a gardé le silence, et c'est le général en chef. Mais son parti est pris : il en appellera aux armes, et ne fuira pas devant l'ennemi. Il lève le siége de Mantoue, fait brûler les affûts, jeter la poudre à l'eau, marche sur le général Quasdanovich, s'empare de Lonato après un combat sanglant, reprend Brescia sur les Autrichiens, qu'il met en fuite, se retourne pour faire face à Wurmser, rentre dans Lonato, dont l'ennemi s'était rendu maître, remporte la victoire de Castiglione ; en six jours, soixante mille Autrichiens avaient été successivement chassés de leurs positions. L'ennemi avait eu huit mille morts ou blessés, dont mille prisonniers. Wurmser était rejeté dans les montagnes, Quasdanovich se retirait péniblement derrière le lac de Garda, et les Français étaient rentrés dans toutes leurs positions.

Je rappellerai ici un fait qui témoigne en faveur du sang-froid et de l'audace de Bonaparte. A Lonato, où il avait à peine avec lui un millier d'hommes, il est tout à coup surpris par quatre mille Autrichiens, et un parlementaire vient le sommer de se rendre. Le général français fait monter à cheval tous ses officiers, et ordonne qu'on introduise le parlementaire et qu'on lui débande les yeux. « Malheureux, lui dit-il, vous ne savez donc pas que vous êtes ici en présence du général en chef et de toute son armée; allez dire à ceux qui vous envoient que je leur donne cinq minutes pour se rendre, ou que je les ferai passer au fil de l'épée, pour les punir de l'outrage qu'ils osent me faire. » Et, sur-le-champ il fait approcher son artillerie. Le parlementaire, effrayé, rapporte sa réponse aux Autrichiens, qui mettent bas les armes, croyant avoir affaire à toutes nos troupes.

Cependant, Bonaparte ne perdait pas de vue Mantoue, et il marchait à la conquête de cette place forte, enlevant sur son passage Trente, Padoue et Vérone, et poussant toujours devant lui l'infatigable Wurmser. Mais l'Autriche veillait de son côté, et elle envoyait en Italie une nouvelle armée de quarante-cinq mille hommes, sous les ordres des généraux Davowichi et Alvinsi, dont les habiles manœuvres rendirent plus d'une fois inutiles le courage et le dévouement de nos soldats. Les troupes françaises, épuisées de fatigues et de souffrances, tous les jours aux prises avec de nouveaux dangers et de nouveaux ennemis, affaiblies par des combats meurtriers, commençaient à murmurer, et le général en chef écrivait au directoire *que l'armée d'Italie était réduite à une poignée de monde; qu'il ne restait plus aux corps que leur réputation et leur orgueil, que lui-même n'osait plus affronter la mort.* Dans cette circonstance extrême, Bonaparte prit encore conseil de son génie. Le combat d'Arcole apprit bientôt à l'Europe étonnée que rien n'était impossible à cet homme.

Dans la nuit, il repassa l'Adige sur le pont de Vérone, comme s'il eût voulu se retirer sur Milan; puis, tout à coup, il tourne à gauche, marche pendant quatre heures, traverse le fleuve à Roncò, de manière à se trouver entre Arcole et l'Adige, dans de vastes marais qu'Alvinsi n'avait pas songé à garder, ne soupçonnant pas qu'une armée osât jamais s'y engager. Il fallait traverser l'Alpon sur un pont de bois derrière lequel se tenait l'armée autrichienne, protégée par de fortes barricades et une artillerie formidable. Bonaparte n'avait que trois mille hommes; l'entreprise paraissait impossible, il y avait une espèce de folie à la tenter ; pourtant il donne l'ordre de commencer l'attaque. Les grenadiers font des prodiges de valeur : Belliard, Lannes, qui devaient disputer à Ney le titre de *brave des braves*, l'intrépide Masséna, à la tête des colonnes, donnent l'exemple du courage le plus héroïque ; au milieu du feu le plus meurtrier, le bouillant Augereau prend un drapeau et s'élance sur le pont. Mais sa colonne foudroyée se replie, les plus hardis sont découragés et abandonnent cette lutte sanglante et sans profit. *Grenadiers! s'écrie alors Bonaparte paraissant tout à coup avec un étendard à la main, n'êtes-vous donc plus les vainqueurs de Lodi?... suivez-moi,* et il se précipite à travers une grêle de balles et de mitraille. Il voit tomber à ses côtés Lannes sous une triple blessure. Muiron, qui déjà l'avait sauvé au siége de Toulon, est frappé à mort en couvrant de son corps le général en chef. Bonaparte ne s'arrête pas, déjà il touche à l'extrémité du pont, et son audace va être couronnée ; mais une nouvelle décharge à mitraille effraie son cheval, qui se jette avec lui dans les marais, et tout ce que peuvent faire ses grenadiers, c'est de le sauver, c'est de l'entraîner pour qu'il ne tombe pas au pouvoir de l'ennemi. Bonaparte aurait dû reconnaître ce généreux dévouement des siens ; il ne se fût pas écrié : *Je ne commande plus à des Français.* Mais l'Autrichien triomphait derrière ses barricades ; il crut sans doute qu'il y avait là une tache à sa gloire, et cette pensée le rendit un moment injuste.

Obligé de renoncer à son premier projet, Bonaparte, dérobant sa marche à l'ennemi par des feux qu'il fait allumer sur toute la ligne, se dirige pendant la nuit vers l'embouchure de l'Alpon, qu'il franchit sur un pont jeté à la hâte, tombe à l'improviste sur Alvinsi et deux divisions autrichiennes, qu'il refoule jusque dans les marais. Le lendemain, le combat recommence ; quelque temps, la victoire demeure indécise; Bonaparte détache un lieutenant avec vingt-cinq cavaliers et deux trompettes, avec ordre de tourner l'ennemi et de sonner la charge. L'armée autrichienne, qui se croit attaquée par derrière,

4.

fait de fausses manœuvres, et est complétement
défaite. Ainsi se termina, après trois jours, la
bataille d'Arcole, et Bonaparte put donner tous
ses soins à l'organisation des pays conquis, et
traiter avec le roi de Naples, tandis qu'une expédition, partie de Livourne, enlevait aux Anglais l'île de Corse, sa patrie.

Il faut marcher vite pour suivre notre héros
dans cette campagne mémorable, qui, à elle seule,
eût suffi à sa gloire militaire. Alvinsi a reçu de
nombreux renforts ; le souverain pontife lui-
même lui a envoyé cinq ou six mille hommes de
ses meilleures troupes. Bonaparte le bat complétement à Rivoli, où il eut plusieurs chevaux tués
sous lui ; oblige le général Provera à déposer les
armes, entre dans Mantoue, que le brave Wurmser défendit noblement jusqu'à la fin, et dont il
ne sortit qu'après une capitulation qui honore à
la fois et la générosité du vainqueur et le courage
malheureux du vaincu ; soumet la Romagne, le
duché d'Urbin et d'Ancône, et conclut avec le
pape le traité de Tolentino, repousse sur le chemin de l'Allemagne le prince Charles, un des
plus habiles capitaines de l'Allemagne, qui venait de se couvrir de gloire sur le Rhin, où il

avait forcé nos armées à battre en retraite, le rejette du Tyrol pour le suivre jusqu'au sein des États autrichiens, renversant par la force la vieille république de Venise, et impose à l'Allemagne consternée les conditions qu'on lui disputait par la ruse diplomatique.

Le traité de Campo-Formio, qui cédait le Brabant à la France et reconnaissait la souveraineté du Milanais, mettait fin à la guerre d'Italie, et Bonaparte reprit le chemin de la France. Partout, sur son passage, les populations se pressaient pour voir et admirer le jeune héros. A Paris, le directoire, qui avait intérêt à cacher les craintes jalouses que lui inspiraient les succès prodigieux du vainqueur d'Italie, lui prépara une fête militaire et politique. Bonaparte, vêtu de l'austère uniforme de Montenotte et de Rivoli, attirait tous les regards. Quelque chose semblait dire dans ce moment aux Français que cet homme bientôt serait leur maître et leur imposerait sa puissante volonté.

Bonaparte connaissait trop bien les hommes pour se prodiguer sans réserve aux honneurs et aux ovations qui lui étaient préparés de toutes parts. Il se montrait rarement, plus sûr, par cette réserve, d'occuper davantage l'opinion publique et d'arriver à une plus grande popularité. « Le » peuple, disait-il à ceux qui le félicitaient des » hommages empressés qui l'accueillaient par- » tout, le peuple se porterait de même au-devant » de moi, si j'allais à l'échafaud. Puis, ajou- » tait-il, on ne conserve à Paris le souvenir de » rien, et si je reste longtemps inactif, je suis » perdu. » Aussi il avait hâte de sortir de son repos, et soupirait ardemment après le jour où de nouveaux exploits viendraient grandir encore sa renommée et lui frayer plus sûrement la route du pouvoir, qu'il ne perdait pas un moment de vue.

Depuis longtemps, ainsi que le prouve sa correspondance avec le directoire, toutes les pensées de Bonaparte étaient tournées vers l'Orient. Son ardente imagination rêvait aventures et gloires sur cet antique théâtre des grands hommes et des grandes choses. Le souvenir du vainqueur de l'Asie et des héros français qui, au moyen âge, avaient signalé leur valeur en Egypte et dans les plaines de la Palestine, enflammait son courage impatient, et peut-être se proposait-il de ceindre son front de la noble et sainte couronne de Godefroy de Bouillon. Puis il y avait dans cet homme destiné à devancer comme à dominer son siècle une vue profonde que le temps a justifiée. Il avait jugé que la France a besoin d'asseoir sa puissance sur la Méditerranée ; que, pour atteindre sûrement l'Angleterre, sa rivale, elle devait occuper l'Egypte, parce que, par cette conquête, elle touche aux Indes-Orientales et menace la Russie par Constantinople. Aussi il pressait de tout son pouvoir cette expédition dont la gloire lui revenait de droit ; il hâtait les préparatifs, réunissait des vaisseaux, des frégates, des bâtiments de transport, avant même que la France sût quel était le but de l'entreprise, et s'adjoignait des hommes célèbres dans les sciences et dans les arts pour interroger les vieux souvenirs et les vieux monuments de ce peuple dont le nom est immortel.

Tout était prêt : l'armée et la flotte étaient réunies à Toulon, et on croyait encore qu'on allait tenter une descente en Angleterre. Bonaparte arrive, et le même jour (9 mai 1798), il fait entendre à ses soldats, qui, pour la plupart, avaient fait avec lui la campagne d'Italie, ces nobles paroles tout empreintes d'une éloquence

antique : « Apprenez que vous n'avez pas encore
» assez fait pour la patrie, et que la patrie n'a
» pas encore assez fait pour vous. Je vais actuel-
» lement vous mener dans un pays où, par vos
» exploits futurs, vous dépasserez ceux qui éton-
» nent aujourd'hui vos admirateurs, et je promets
» à chaque soldat qu'au retour de cette expédition
» il aura de quoi acheter six arpents de terre...
» Les légions romaines, que vous avez quelque-
» fois imitées, mais pas encore égalées, combat-
» taient Carthage tour à tour sur cette mer et aux
» plaines de Zama. La victoire ne les abandonna
» jamais, parce que constamment elles furent
» braves, patientes à supporter la fatigue, disci-
» plinées et unies entre elles. Soldats, l'Europe
» a les yeux sur vous ! Vous avez de grandes
» destinées à remplir... »

A Toulon, Bonaparte honora son caractère
par un acte d'humanité qui, à cette époque,
n'était pas sans quelque danger. On lui avait
dit que la loi de mort contre les émigrés y était
exécutée dans toute sa rigueur ; que des vieillards de quatre-vingts ans, des femmes enceintes
ou mères de jeunes enfants avaient été fusillés,
comme prévenus d'émigration. Indigné de cette

barbarie, il écrivit à la commission militaire pour lui reprocher ces sanglantes et malheureuses exécutions, et l'exhorter à ménager à l'avenir les femmes et les vieillards âgés de plus de soixante ans. Sa lettre se terminait ainsi. *Le militaire qui signe une sentence contre une personne incapable de porter les armes est un lâche.* Toute l'armée applaudit à ces généreuses paroles, et un malheureux émigré leur dut la vie.

Le 19 mai, l'escadre, composée de quinze vaisseaux de ligne, quatorze frégates et soixante-douze bâtiments de guerre de moindre importance, mit à la voile sous le commandement de l'amiral Brueys, qui avait sous ses ordres les contre-amiraux Villecour, Duchayla, Decrès et Gantheaume. L'armée navale était de dix mille hommes ; l'armée de terre, de trente-six mille. Les divisions étaient commandées par les généraux Berthier, Cafarelli, Dommartin, Kléber, Desaix, Régnier, Bon, Dugua, Menou, Vaubois, Demouy, Lannes, Dumas, Lanusse, Murat et Davoust. Bonaparte, monté sur le vaisseau amiral *l'Orient*, n'était pas sans quelque inquiétude sur le voisinage des Anglais qui sillonnaient la mer, et qui, chaque jour, pouvaient l'attaquer avec des forces bien supérieures et ruiner son entreprise; mais, plein de confiance dans son génie, et, comme César, comptant sur sa fortune, il discutait avec les savants qui l'accompagnaient ou s'occupait avec ses généraux de l'organisation de l'Egypte, comme si déjà la conquête en eût été faite.

Le 9 juin, la flotte parut devant Malte. Le grand-maître de l'ordre refusa l'entrée du port à Bonaparte, qui en fit bombarder les forts en même temps que l'armée débarquait sur sept points différents de l'île. Ces premières démonstrations suffirent, et, après quelques coups de canon, le grand-maître capitula, abandonnant aux Français la possession de l'île, que l'ordre défendait depuis 268 ans, et qui avait résisté à toutes les forces de l'Orient. Intéressé à détruire ce boulevard de la chrétienté, Bonaparte laisse à Malte le général Vaubois avec quatre mille hommes, et continue sa route vers l'Egypte.

Le 1er juillet, les minarets d'Alexandrie et la tour des Arabes apparurent aux regards de l'armée, et, sans perdre de temps, Bonaparte ordonna le débarquement, car l'amiral Nelson ne pouvait être loin, et il fallait le prévenir. Tout à coup une voile se montra à l'horizon, et fit croire que la flotte ennemie la suivait de près. « Fortune, s'écria Bonaparte, qui, toute sa vie, fut un peu fataliste, fortune, tu m'abandonnes!... Quoi! pas même cinq jours... » Mais le danger n'était qu'imaginaire. L'armée put prendre terre sur la côte d'Egypte, et Alexandrie fut emportée d'assaut.

La politique a pu excuser jusqu'à un certain point, la religion ne peut absoudre l'étrange langage du général français dans ses proclamations adressées à ses soldats et au peuple d'Egypte. Je sais qu'il fallait alors du courage pour se montrer franchement chrétien, que le gouvernement français était toujours livré au déisme. Mais ce courage était digne de Bonaparte et l'eût honoré aux yeux de la postérité. Si encore il se fût contenté de recommander *pour les mosquées la même tolérance que pour les couvents, pour la religion de Moïse et de Jésus-Christ!* Mais pourquoi ajouter que les Français étaient de *vrais musulmans*, que lui-même respectait Mahomet et le Koran plus que les mamelouks? pourquoi se faire un mérite aux yeux de cette nation infidèle *d'avoir détruit le pape et les chevaliers de Malte.* De telles paroles ne peuvent être justifiées, et il me serait heureux de pouvoir les effacer de la vie de notre héros.

Maître d'Alexandrie, dont il confia le commandement au brave Kléber, Bonaparte, après avoir donné à l'amiral Brueys les plus sages instructions pour assurer le sort de la flotte, prit la route du Caire, précédé du général Desaix. Le pays était inculte et aride ; sous un ciel de feu, il fallait marcher tout le jour sur des sables brûlants, et la nuit, au bivouac, supporter une excessive et dangereuse fraîcheur. Sans eau pour étancher la soif qui les consumait, sans abri pour se reposer, exténués de fatigue, nos soldats eurent besoin de tout leur courage, surtout quand le *mirage* leur offrant au loin de frais ruisseaux, une riante verdure et de hautes forêts qu'ils se hâtaient de gagner, croyant toucher aux termes de leurs souffrances, ne leur laissait en réalité qu'un sol nu et le sable du désert. On peut juger de ce qu'ils éprouvaient quand le soleil, à son déclin, avait dissipé ces ruisseaux et ces oasis imaginaires. Mais enfin ils atteignirent les rives si désirées du Nil, et oublièrent bientôt toutes les privations et toutes les fatigues.

L'armée était en face des grandes pyramides (1) qu'elle contemplait avec un religieux étonnement, et dont elle semblait interroger les graves souvenirs. Déjà victorieuse à Chebreïs, où elle avait eu à repousser un corps assez considérable de mamelouks, elle allait engager une lutte terrible contre le brave Mourad-Bey, qui l'attendait auprès de Giseh avec une cavalerie formidable et des légions nombreuses et presque sauvages, accourues de tous les points de l'Egypte et des déserts pour exterminer les Français.

Bonaparte comprit sa position, et régla ses dispositions en conséquence. Le terrain était uni et sablonneux, aucun accident du sol ne pouvait couvrir son infanterie, qui se trouvait ainsi débordée à droite et à gauche par la cavalerie arabe, si rapide dans ses évolutions, si impétueuse dans son choc. Il forma donc six grands carrés, présentant chacun une face à l'ennemi, et ayant à chacun des angles une

(1) Voir la note première, page 288.

pièce d'artillerie. La cavalerie eut ordre de s'abriter derrière ces carrés, jusqu'au moment où elle devait s'ébranler pour charger les mamelouks. « Soldats, s'écria Bonaparte, en montrant du doigt les pyramides, songez que du haut de ces monuments quarante siècles vous contemplent. » Et il donna le signal du combat.

Impétueuse comme le vent du désert, la cavalerie arabe se précipita par grandes masses et essaya d'entamer nos carrés. Les premiers rangs de nos grenadiers, immobiles comme des murs d'airain, croisent la baïonnette, les derniers rangs font un feu continu sur les barbares. Étonnés d'abord, puis irrités de cette résistance, à laquelle ils ne s'attendaient pas, les mamelouks se livrent à toute la fureur d'un courage aveugle. Peu leur importe la mort, pourvu qu'ils la donnent ; ils acculent leurs chevaux contre les baïonnettes françaises, et se renversent sur nos soldats, pour jeter quelque désordre dans les rangs et rompre par quelque endroit cette masse impénétrable. Tout leur dévouement est inutile. Tout à coup les carrés s'ouvrent par les angles, et l'artillerie foudroie l'ennemi, qui abandonne enfin le champ de bataille, couvert de ses morts. Mourad-Bey eut peine à s'échapper avec les débris de sa cavalerie, et se replia sur la Haute-Égypte, ouvrant ainsi à son vainqueur les portes du Caire, où il entra en triomphe.

Quelques jours après la bataille des Pyramides, si glorieuse pour la France, notre pavillon était humilié à Aboukir, où l'amiral Brueys avait fait embosser son escadre. On a reproché à cet officier d'imprudentes combinaisons et de fausses manœuvres dont le fameux Nelson profita en grand homme de mer; son courage intrépide et l'héroïsme de sa mort ont presque effacé sa faute. Mais il n'en fut pas malheureusement de même du contre-amiral Villeneuve, qui eût pu, en entrant en ligne, assurer la victoire, sauver la flotte, même après l'explosion de *l'Orient*, et qui, jusqu'au moment où il opéra sa retraite, se tint constamment dans une immobilité dont on se demande encore vainement la raison. C'est le même amiral qui, plus tard, fut battu à Trafalgar, pour avoir cette fois engagé témérairement un combat qu'il eût dû décliner. Ainsi, le même homme ferma à Bonaparte le chemin de l'Asie, et l'empêcha de conquérir l'empire du canal de la Manche !...

A la nouvelle du désastre d'Aboukir, le général français, qui voyait toutes ses espérances anéanties, fut vivement consterné. Pourtant il surmonta sa douleur, et parut avec un front calme et serein pour relever le moral de ses soldats, qui se demandaient avec abattement comment ils reverraient jamais la France. « Nous n'avons plus de flotte, dit-il, eh bien ! il faut rester ici, ou en sortir grands comme les anciens. » Et on le vit, dans l'espace de quelques jours, assister en grande pompe à deux fêtes, l'une en l'honneur du débordement du Nil, l'autre pour célébrer l'anniversaire de la naissance de Mahomet, se mêlant ainsi par politique aux cérémonies de l'islamisme, qu'il ne regardait après tout que comme des nouveautés curieuses; car, quoi qu'en aient dit ses ennemis, il est faux qu'il ait récité la prière prescrite par le Koran. Je fais cette remarque pour être juste ; l'histoire doit avoir la plus sévère impartialité : elle n'est que la mémoire des faits, et jamais l'esprit de parti ne doit présider à ses jugements.

Bonaparte avait fêté la fondation de la république française, inscrit sur la colonne de Pompée le nom de quelques braves morts au champ d'honneur, créé l'Institut d'Égypte, qu'il dirigeait avec le savant Monge, organisé la partie de l'Égypte que ses troupes occupaient, vaincu et sévèrement châtié l'insurrection du Caire, visité l'isthme de Suez, pour étudier le problème et reconnaître les traces du fameux canal de Sésostris, qui devait réunir la mer Rouge avec la Méditerranée; échappé, par le dévouement d'un de ses guides, au danger d'être englouti dans les mêmes eaux où Pharaon s'était abîmé avec toute son armée, il avait gravi le mont Sinaï, et les cénobites de la montagne sainte l'avaient vu avec étonnement inscrire son nom sur le registre du couvent, comme l'avait fait autrefois le fameux Saladin. Le temps était venu de réaliser la grande pensée qui le préoccupait.

Malgré la perte de sa flotte, Bonaparte n'avait pu abandonner le projet d'attaquer l'Inde britannique par la Perse; son grand génie aspirait à se déployer sur le théâtre où avait combattu Alexandre. La Syrie lui ouvrait le chemin de l'Asie, et bientôt, dépassant Gaza, et maître de la forteresse d'Ell-Arich, il vint mettre le siége devant Jaffa, l'ancienne Joppé des Hébreux. Deux jours lui suffirent pour emporter la place : la garnison musulmane fut massacrée, quatre mille Albanais et Arnaoutes, qui avaient mis bas les armes sur la parole que Beauharnais leur avait donnée de leur laisser la vie, furent eux-mêmes cruellement égorgés. Trois jours entiers le général en chef lutta avec énergie contre l'avis de ses lieutenants et les vociférations de l'armée, qui demandait à grands cris la mort des prisonniers, qu'on ne pouvait retenir, disait-on, sans affamer nos troupes, ni renvoyer sans s'en faire un parti redoutable dans les montagnes, où ils ne manqueraient pas d'inquiéter notre marche : sa noble résistance fut vaine, et il dut signer l'ordre fatal qu'on lui arrachait. Les chrétiens seuls, qui, au moment de l'attaque, s'étaient réfugiés dans les rangs français, portant à la main un crucifix en signe de fraternité, échappèrent au massacre général. Quelques jours après, Bonaparte donnait à Jaffa un grand exemple de courage et d'humanité, en visitant l'hôpital des pestiférés, dont il touchait les plaies en disant : « Vous voyez bien que ce n'est rien. »

Un de nos artistes les plus célèbres a éternisé cette scène touchante.

Cependant, à travers bien des souffrances et des dangers, l'armée était arrivée sous les murs de Saint-Jean-d'Acre (l'ancienne Ptolémaïs), dont il forma immédiatement le siége. La ville était assez mal fortifiée; mais la garnison, composée de troupes d'élite, la défendit avec intrépidité, soutenue par le génie de deux officiers européens, Philippeaux, Français et compagnon de Bonaparte à l'école militaire, et l'Anglais Sidney-Smith. Les Français firent des prodiges de valeur; huit fois ils donnèrent l'assaut, deux fois ils repoussèrent la sortie de la garnison; tout leur courage vint se briser contre la plus opiniâtre résistance. En vain Bonaparte triomphe, par lui ou ses généraux, à Nazareth, à Passa et à la bataille du mont Thabor, où vingt-cinq mille cavaliers et dix mille fantassins furent mis en fuite et repoussés jusqu'au delà du Jourdain par quatre mille Français; en vain il anime, il presse ses lieutenants, qui, comme lui, comprenant que la possession de Saint-Jean-d'Acre est nécessaire à l'armée menacée par l'insurrection et par le voisinage d'une flotte anglaise qui

8.

vient au secours de l'Egypte, ne gardent ni mesure ni prudence dans leur valeur. Après soixante jours, Bonaparte est forcé de lever le siége, et se retire par Jaffa et Césarée. Cet échec détruisait tous ses rêves de conquêtes en Asie, et jamais il ne s'en consola bien, comme le témoignent les paroles qu'il dit à cét égard dans sa prison de Sainte-Hélène.

La fortune lui fut plus favorable à Aboukir, où Mustapha venait de débarquer à la tête d'une armée considérable. Bonaparte l'y joignit, et, avec des forces bien inférieures, il l'attaqua sans hésiter. Toute la bravoure des Turcs ne put tenir contre les habiles combinaisons du général français. Après un combat acharné, l'armée ottomane fut taillée en pièces ou précipitée dans la mer, où dix mille hommes trouvèrent la mort; Mustapha fut fait prisonnier. Ce fut le dernier exploit de Bonaparte en Egypte et comme son suprême adieu à cette terre antique où il était arrivé avec de si grandes espérances. Il remit à Kléber (1) le commandement de l'armée, prit avec lui cinq cents hommes et deux frégates,

(1) Voir la deuxième note, page 286.

et, quoiqu'il eût à traverser une mer sillonnée par les vaisseaux anglais, il toucha heureusement aux côtes de Provence ; d'ovations en ovations, il arriva à Paris, et le jour même, sans se faire annoncer, il se rendit au directoire, au milieu des cris, mille fois répétés par la garde du gouvernement, de *Vive Bonaparte!*

CHAPITRE IV.

Bonaparte, consul.

La France, toujours déchirée au dedans par la guerre civile et les factions, humiliée au dehors par de grands revers, fatiguée d'un gouvernement sans dignité et sans force, qui ne se soutenait que par l'intrigue et la proscription, aspirait à un changement qui devait la rendre plus heureuse et plus florissante. Bonaparte n'eut guère qu'à se montrer pour renverser le directoire et se saisir de l'autorité. La faible résistance du conseil des cinq-cents se tut devant les baïonnettes. Murat, à la tête des grenadiers, les somme d'évacuer la salle, et ils se sauvent par les fenêtres. Bonaparte, que quelques cris *hors la loi, à bas le dictateur, à bas le nouveau Cromwell*, avaient d'abord épouvanté, fut proclamé consul avec Sieyes et Roger-Ducos, qui furent bientôt remplacés par Lebrun et Cambacérès. Le pouvoir qu'il avait si longtemps rêvé, qu'il était venu chercher de l'Orient, que les manœuvres de son parti lui avaient préparé autant que sa gloire militaire, était entre ses mains, et dès ce moment il l'exerça avec une puissance absolue, dominant ses deux collègues de toute la hauteur de son génie et de sa réputation; il s'installa aux Tuileries, se fit donner pour résidence d'été le palais de Saint-Cloud et ses magnifiques dépendances; il rétablit la pompe des représentations diplomatiques, abolit l'horrible fête du 21 janvier, supprima la liberté de la presse, traita avec la Suède, la Prusse, le Danemark et la Saxe; par un procédé généreux envers les prisonniers russes qu'il renvoya sans rançon, équipés et habillés aux frais du gouvernement, il détacha Paul Ier de la coalition, qui se trouva ainsi réduite à l'Angleterre, la Bavière et l'Autriche; il mit de l'ordre dans les finances, pacifia heureusement la Vendée, fit relâcher les otages politiques, gracier les émigrés condamnés à mort. La France commença à respirer, et tous les regards se portèrent sur cet homme extraordinaire, qui se sentait le courage de poser le pied sur l'hydre de l'anarchie.

Cependant l'Angleterre couvrait toujours de ses flottes la Méditerranée; l'Autriche avait reconquis l'Italie; Naples, un moment soumise, nous avait échappé; Masséna, alors renfermé dans Gênes, rappelait l'héroïque résistance de l'antique Numance, et bravait toutes les horreurs de la famine; Kléber, un des plus beaux cavaliers et un des plus grands hommes de l'époque, était mort au Caire, lâchement assassiné, et le général Menou, qui avait changé sa religion et son nom, avait ramené en France les débris de l'armée d'Egypte, qui, après le départ de son chef, n'avait cessé de s'illustrer par les plus beaux faits d'armes. Il tardait à Bonaparte de reparaître à la tête de ses troupes, et l'Italie redevint le théâtre de sa gloire. Tous les

débouchés des Alpes étaient fermés par l'armée
ennemie. Mais le nouveau consul se souvient
de l'aventureux Annibal ; il se fraie un chemin
à travers les rochers et les glaces du Saint-Bernard, fait détacher les canons de leurs affûts
pour les couler dans des troncs d'arbres creusés,
porter à bras les roues et les munitions de
guerre, et parvient ainsi à une hauteur de plus
de deux mille quatre cents mètres au-dessus du
niveau de la mer, jusqu'au couvent de Saint-Bernard, où les religieux prodiguent à nos soldats tous les secours de la plus généreuse hospitalité. Après quelques heures de repos, on redescend du côté du Piémont, se laissant glisser
sur la glace, pour abréger la marche. Pour traverser la ville de Bard, il fallait passer sous les
batteries de la citadelle, qui eussent foudroyé
notre armée. Bonaparte fait tailler un chemin
dans le rocher ; par ses ordres, les roues des
canons et des caissons sont enveloppées de
foin et de fumier, et, à la faveur de la nuit,
l'armée franchit le défilé, silencieuse et marchant sur la paille. Quelques jours après,
ayant forcé les passages de Sosie et de Tésin,
il faisait son entrée à Milan, où son premier

soin fut de rétablir la république Cisalpine.

L'armée, poursuivant sa marche, emporte Bergame et Crémone; Plaisance tombe au pouvoir de Murat, et la victoire de Montebello, due au courage de Lannes, prépare la célèbre bataille de Marengo, où vingt mille Français triomphaient de quarante mille Autrichiens. Le combat fut long et acharné, et Marengo, pris et repris plusieurs fois. Un moment, nos troupes furent débordées sur leurs ailes, et les généraux demandaient la retraite. « Souvenez-vous, s'écriait Bonaparte, que mon habitude est de coucher sur le champ de bataille. » Puis tout à coup son regard pénétrant a signalé une faute du général ennemi. L'armée autrichienne a trop étendu ses ailes et affaibli son centre. Desaix s'élance au pas de charge et coupe la droite aux Autrichiens; il tombe frappé dans son triomphe, et ses soldats veulent venger sa mort; Kellermann avec sa cavalerie attaque le flanc de la colonne autrichienne, qui ne peut tenir contre l'impétuosité du choc, et l'armée ennemie, prise à revers, s'enfuit en désordre. Cette mémorable bataille, qui rendait à la France la Lombardie, le Piémont et la Ligurie, combinée avec les victoires de Moreau (1), en Allemagne (2), amena la paix de Lunéville, et le premier consul revint à Paris, où il fut reçu avec un vif enthousiasme.

Bonaparte n'était pas seulement l'homme de la victoire; son puissant génie travaillait sans relâche à réparer les ruines de la tempête révolutionnaire et à relever la France au rang qui lui appartient dans le monde. Tous les regards étaient fixés sur lui ; tous les cœurs l'appelaient à poursuivre la grande œuvre de régénération qu'il avait noblement commencée. Du fond de son exil, Louis XVIII (3) lui écrivit plusieurs lettres où il témoignait hautement de son estime pour lui, le priant de sauver la France de sa propre fureur et de lui rendre son roi. Ces lettres durent flatter son amour-propre; mais son ambition ne pouvait s'accommoder des propositions qui lui étaient faites; il lui fallait la couronne tombée du front de nos rois, et il eût bien voulu que le prince exilé renonçât en sa faveur au trône

(1) Voir la note 3, page 262.
(2) Voir la note 4, page 264.
(3) Voir la note 5, page 265.

de ses ancêtres. Heureux si ses désirs eussent été plus médiocres; il serait mort honoré de tous, au pied du trône relevé par sa magnanimité : Sainte-Hélène n'eût pas été témoin de sa longue agonie, et la postérité ne lui demanderait pas compte de tout le sang qui rougit encore l'Europe pendant quatorze ans !...

Un événement inattendu faillit replonger la France dans l'anarchie d'où elle commençait à peine à sortir, et détruire l'avenir brillant du premier consul, qui venait de préluder à sa propre *intronisation* en érigeant de sa seule volonté le royaume d'Etrurie, qu'il donna à un prince de la maison de Bourbon. Au moment où il tournait l'angle de la rue Saint-Nicaise pour se rendre à l'Opéra, un tonneau de poudre, placé sur une charrette par de misérables assassins, fit explosion; plusieurs maisons du quartier sautèrent. Heureusement la voiture du premier consul avait dépassé de quelques pas, et Bonaparte, éveillé au bruit de la détonation et se croyant dans une ville prise d'assaut, s'écria « *Nous sommes minés.* » Puis, il continua tranquillement sa route jusqu'à la salle du théâtre, où le public, déjà informé de l'événement, l'accueillit avec les plus enthousiastes démonstrations.

Bonaparte, on le sait, n'aimait pas les républicains ; il s'en prit à eux de l'attentat qui avait menacé ses jours ; il en fit condamner cent trente à la déportation ; la preuve de leur innocence, le supplice des véritables coupables, ne les sauva pourtant pas de la peine prononcée contre eux, et ils allèrent en exil expier d'autres crimes et tout le mal qu'ils avaient fait à leur pays. Puis, poursuivant son œuvre de restauration sociale, il rappela en France les proscrits de toutes les causes, rendit à la liberté les émigrés renfermés au fort de Ham, donna une place élevée dans la magistrature à Tronchet, l'un des défenseurs de Louis XVI, honora par des pompes funèbres la mort du saint pontife, Pie VI, fit ériger une statue à saint Vincent de Paul, réorganisa l'école Polytechnique et appela aux cercles des Tuileries tous les débris du grand monde d'autrefois. Les maux révolutionnaires s'effaçaient peu à peu, et la France reprenait avec bonheur ses anciennes habitudes, violemment brisées par la tourmente qui l'avait presque déracinée.

Mais une pensée plus haute et plus profonde

préoccupait le premier consul. Il méditait depuis longtemps une grande et solennelle réparation dont la postérité ne lui a peut-être pas assez gardé de reconnaissance. Cette œuvre était belle et noble ; pourquoi l'envie ou la haine a-t-elle voulu lui en dérober la gloire, sous prétexte que son ambition et ses intérêts en furent le seul mobile? On comprend que je veux parler du rétablissement du culte catholique. Depuis que la révolution, dans le délire de son impiété, avait brisé du même coup l'autel et le trône, la religion avait été proscrite par tous les pouvoirs qui s'étaient succédé. Quelques prêtres courageux et dévoués au martyre étaient seuls demeurés en France, exerçant secrètement leur saint ministère, à l'aide de pieux déguisements, et renouvelant, au péril de leur vie, les touchants mystères des antiques catacombes. On connaît les édits sanglants et les étranges bacchanales de cette époque, qui nous avaient fait rétrograder jusqu'aux jours les plus hideux du paganisme. Certes, il fallait et du génie et du courage pour amener la France à avouer, devant le monde entier, qu'elle s'était rendue coupable d'un crime énorme, en outrageant le Dieu de ses pères, et pour courber, humbles et repentants, devant l'image de la croix, des fronts qui s'étaient levés fiers et blasphémateurs contre le ciel. La génération était encore tout empreinte de l'esprit irréligieux qu'avait mis en honneur la philosophie du xviii° siècle ; la jeunesse, élevée au sein des passions révolutionnaires, n'avait jamais appris le chemin qui conduit au temple du Seigneur ; la prière lui était étrangère comme la foi. Les hommes qui avaient joué un rôle sur la scène politique s'étaient pour ainsi dire inféodés à l'irréligion, et se sentaient peu disposés à désavouer leur passé ; l'armée elle-même participait à l'esprit de l'époque, et on sait que Bonaparte rencontra la plus vive résistance dans quelques-uns de ses généraux, les plus dévoués d'ailleurs à sa fortune. Mais il voulut, et sa volonté triompha de toutes les résistances et fit taire toutes les mauvaises passions qui s'agitaient autour de lui ; il reconnut l'empire spirituel du successeur des apôtres ; il conclut un concordat avec le souverain pontife, Pie VII, et le jour de Pâques, au bruit de l'artillerie et de toutes les cloches qui depuis dix ans étaient demeurées muettes, Bonaparte, dans un cortége presque royal, suivi de ses compagnons d'armes, vint à Notre-Dame de Paris adorer le Dieu de Clovis, de Charlemagne et de saint Louis : la France était redevenue catholique, ses autels étaient relevés, et ses prêtres, longtemps proscrits, accouraient à la voix du premier consul ; ils revenaient d'un long et douloureux exil pour bénir et consoler le troupeau qu'ils n'avaient cessé d'aimer. Quelques jours après, les lois barbares contre l'émigration étaient abolies ; il était permis aux nobles de revoir la patrie ; ils reprenaient possession des biens qui n'avaient pas été aliénés, et Bonaparte promulguait le Code civil, à la rédaction duquel il avait présidé. Malgré quelques imperfections qui accusent l'esprit de l'époque où il fut conçu, il faut bien reconnaître pourtant qu'il présente l'assemblage le plus complet de législation qui jamais ait régi la France, et plus de quarante ans d'expérience et de travail n'y ont apporté encore que quelques modifications.

Cependant, des bruits de guerre retentissaient sur toute la surface de la France. Le traité d'Amiens avait été violemment rompu ; de part et d'autre on se préparait à une lutte acharnée.

Le fatal dénoûment de l'expédition de Saint-Domingue, sous les ordres du général Leclerc, beau-frère de Bonaparte, qui y trouva la mort avec quarante-cinq mille hommes de son armée, fut vite oublié; nos soldats brûlaient d'impatience d'humilier cette fière rivale, cette maîtresse des mers, qui se croit inattaquable dans ses îles, l'Angleterre, l'irréconciable ennemie de la France, et bientôt devait partir de Boulogne la flotte destinée à opérer une descente sur les côtes de la Grande-Bretagne. La politique de Pitt seule conjura le danger; mais n'anticipons pas sur les faits.

Une conspiration ourdie en Angleterre contre les jours de Bonaparte, dirigée par le fameux Georges Cadoudal, et dans laquelle furent impliqués Moreau et Pichegru, avait été découverte par la police. Cadoudal se défendit avec une noble fermeté : son courage ne se démentit pas en présence de la mort. Moreau, moins coupable, fut condamné à deux ans de prison, que le premier consul convertit en deux ans d'exil, heureux, dit-on, d'avoir cette occasion de se débarrasser d'un rival qui inquiétait son ambition. Pichegru fut trouvé étranglé dans sa prison, et on accusa Bonaparte de ce lâche assassinat, qui, pour l'histoire, demeura toujours un mystère impénétrable. Pourtant, si on y réfléchit bien, on ne peut guère raisonnablement soupçonner Bonaparte; il n'avait aucun motif pour commettre ce crime odieux dont sa gloire ne pouvait manquer de souffrir; la trahison de Pichegru était manifeste, et la loi devait infailliblement le frapper. L'esprit de parti est quelquefois injuste; trop prompt dans ses jugements, il flétrit avec une déplorable facilité de grands noms, parce qu'il leur a voué une haine aveugle. Dieu nous garde de la passion; elle entraîne et égare les esprits, même les plus droits!...

Mais, si on peut justifier Bonaparte du meurtre de Pichegru, il est impossible de l'absoudre de la mort violente de l'infortuné duc d'Enghien, et le sang de ce dernier rejeton de Condé est tombé sur sa mémoire comme une tache que le temps n'effacera jamais. Quelle qu'ait été la pensée du premier consul ; qu'il ait voulu, comme on l'a dit, donner un gage aux républicains, *placer entre les Bourbons et lui l'infranchissable abîme d'une tombe,* ou bien qu'il ait redouté le courage intrépide du jeune prince qui n'attendait que le moment pour sortir une seconde fois l'épée du fourreau, et soutenir loyalement, sur le champ de bataille, les droits de sa famille (car on ne croira jamais qu'un Condé ait voulu se faire conspirateur, assassin), toujours est-il que sa mort fut un grand crime, un de ces crimes qui arrachent à la postérité la plus reculée un cri d'indignation et d'horreur.

Le noble exilé, condamné au repos par la paix, vivait tranquille à Ettenheim, dans le grand-duché de Bade, s'entretenant avec quelques émigrés de la France qu'il aimait et des beaux jours de son enfance. Il pleurait, ce qui lui était bien permis, sur les grandes infortunes de la royale famille, à laquelle il était uni par les liens du sang et du malheur. La nuit du 15 mars, le général Ordener, envoyé par Bonaparte, le fit enlever par la gendarmerie, contre le droit des gens, qui jamais peut-être ne fut plus indignement violé. Le 20, à sept heures du soir, il arriva, mourant de froid et de faim, au fort de Vincennes, où déjà, dit-on, une fosse était creusée, et, à peine était-il couché, qu'éveillé brusquement par ses gardes qui le sommèrent de les suivre, il fut traîné devant un conseil de

guerre dont le jugement était rédigé d'avance.
On l'interrogea néanmoins, comme pour donner quelque forme et quelque apparence de régularité à la procédure, puis il fut déclaré coupable et condamné à la peine de mort. Il était cinq heures du matin.

Le jeune prince ne fit paraître aucune émotion à la lecture de la sentence. Seulement, il demanda une audience du premier consul, ne pouvant croire que l'illustre guerrier dont il avait admiré les exploits et le noble caractère eût trempé dans l'infâme guet-apens qui lui ravissait la liberté et la vie. Cette audience lui fut refusée, et les soldats se saisirent de lui. Un moment il tressaillit, et son cœur se souleva à la pensée qu'on le conduisait dans un cachot; mais bientôt il reconnut qu'il était dans les fossés de Vincennes. Plein de foi et de courage, il éleva vers Dieu une prière fervente, recommandant son âme à son infinie miséricorde, et tomba percé de plusieurs balles. Le général Murat avait présidé à ce drame sanglant, et, douze ans plus tard, lui-même fut jugé militairement et fusillé. La justice divine se révèle quelquefois à des caractères frappants!....

La mort du duc d'Enghien frappa d'horreur et d'épouvante Paris et la France tout entière : on se demandait tout bas où s'arrêterait la sombre tyrannie de l'homme qui n'avait pas reculé devant la honte d'un lâche assassinat. Mais ces timides réflexions ne pouvaient arrêter le cours des événements. Sous le titre modeste de consul, Bonaparte était maître de la France, et gouvernait avec un pouvoir absolu. Il savait qu'on était fatigué d'anarchie, que la république avait fait son temps, et qu'elle était toute disposée à relever en faveur d'une quatrième dynastie le trône qu'elle avait renversé. Aussi, quand, le 30 avril 1804, un membre du tribunat proposa de proclamer Bonaparte empereur, et de fixer l'hérédité dans sa famille, un seul homme protesta contre cette motion, Carnot, le complice de Robespierre et de Couthon. Le corps législatif se prononça à l'unanimité ; le sénat suivit le mouvement, et il rendit un sénatus-consulte *qui confiait le gouvernement de la république à Bonaparte, empereur héréditaire.* Cambacérès fut chargé de le lui présenter à Saint-Cloud. « Tout ce qui peut contribuer au
» bien de la patrie, lui répondit le nouvel em-

» pereur, est essentiellement lié à mon bon-
» heur ; j'accepte le titre qui peut contribuer à
» la gloire de la nation. Je soumets à la sanction
» du peuple la loi de l'hérédité ; j'espère que la
» France ne se repentira jamais des honneurs
» dont elle environnera ma famille. Dans tous les
» cas, mon esprit ne sera plus avec ma postérité
» le jour où elle cesserait de mériter l'estime et
» la confiance de la grande nation. »

CHAPITRE V.

Napoléon, empereur.

La nation avait proclamé la loi de l'hérédité par trois millions cinq cent vingt et un mille votes, et la couronne des Césars, posée sur le front du nouvel empereur, devait, après lui, passer à sa postérité. Toutes les espérances du grand homme étaient réalisées : l'avenir ne pouvait qu'ajouter à sa gloire, et il avait la confiance que *ses descendants conserveraient longtemps le trône* qui lui avait coûté tant de travaux et de conquêtes. Qui eût pu alors lui présager que, dix ans plus tard, il tomberait soudain du faîte des grandeurs; que la tempête briserait entre ses mains le sceptre des rois, et disperserait sur tous les points du monde sa famille proscrite! Tout en ce moment souriait à son ambition. Une cour splendide, avec toutes ses anciennes formules d'étiquette, se pressait autour de lui : le connétable, le grand-chancelier, des chambellans, des écuyers, de jeunes pages richement vêtus, attendaient respectueusement ses ordres, dix-huit maréchaux de l'empire, qui tous lui devaient leur titre, étaient dévoués à sa fortune : par la voix de ses pontifes, la religion avait salué avec un pieux enthousiasme son avénement à l'empire ; elle l'appelait à haute voix *le nouveau Cyrus, le nouveau Mathatias, le nouveau Josaphat;* l'ambassadeur d'Autriche était venu lui présenter les félicitations de son maître dans la vieille cité de Charlemagne, qui, pour quelques jours, sembla retrouver son antique éclat et reprendre sa primauté sur toutes les cités de l'Europe. Tous les gouvernements catholiques l'avaient reconnu dans sa nouvelle dignité; la noblesse, rappelée par lui, et touchée de sa générosité et de sa clémence à l'égard du jeune prince de Polignac, du marquis de Rivière et de plusieurs autres complices de Georges Cadoudal, se rapprochait avec empressement de son trône, et lui offrait son épée; le chef de l'Eglise, l'auguste successeur de saint Pierre, était venu, comme autrefois le pape Etienne, répandre l'huile sainte sur le front du nouvel empereur, et consacrer sa royauté aux yeux du monde entier.

Bonaparte avait ardemment désiré cette grande et solennelle coopération, qui, pour lui surtout, était de la plus haute importance. Après quelque hésitation, le pape se rendit à ses prières : il sortit de Rome et traversa la France, où partout il fut accueilli avec le respect dû à ses vertus et à son caractère. A Fontainebleau, il trouva Bonaparte, qui l'y avait devancé pour lui faire honneur; à Paris, il fut logé aux Tuileries. La chambre qu'il occupa était meublée absolument de la même manière que celle qu'il occupait à Rome. Cette attention délicate parut le toucher sensiblement.

Pie VII, dont nous aurons plus tard à raconter la douloureuse captivité, était d'une constitution faible et délicate; le poids des années commençait déjà à le courber, et les préoccupations de son auguste ministère donnaient à sa physionomie une empreinte de gravité qui s'alliait admirablement bien avec la noblesse et la bonté répandues sur tous ses traits. Il parlait peu, mais toujours avec dignité. Sa vie était sobre ; l'eau était sa boisson habituelle, et il mangeait seul. Austère à lui-même, il était pour les autres rempli d'une douce indulgence. Il ne se lassait jamais de bénir la foule qui s'agenouillait sur son passage, et il était facile de remarquer que les bénédictions qu'il donnait ainsi découlaient d'un cœur plein d'une tendre et affectueuse charité. Comme son divin maître, il bénissait de préférence et caressait les enfants et les nouveaux-nés que leurs mères lui présentaient. Le peuple se portait en foule partout où on savait qu'il devait paraître; après l'avoir vu, on aimait encore à le revoir ; à son approche, on était saisi de je ne sais quel mystérieux respect. Un jour cependant, un jeune homme, sans doute *pour se donner un air d'importance*, s'obstina à demeurer couvert. La foule, indignée, allait faire justice de ce procédé insolent, mais Pie VII contint le mouvement, et, s'approchant du jeune homme : *Découvrez-vous*, lui dit-il avec une bonté toute paternelle, *dé-*

couvrez-vous, pour que je vous donne ma bénédiction; la bénédiction d'un vieillard n'a jamais porté malheur à personne. Vaincu par tant de douceur, le jeune homme s'inclina respectueusement.

Tel était le saint et vénérable pontife, des mains duquel le nouveau César reçut l'onction sacrée qui fait de la royauté une espèce de sacerdoce, et qui rappelle à ceux qui l'ont reçue qu'ils doivent tout leur dévouement aux peuples que la Providence a soumis à leur empire. La cérémonie se fit avec un éclat extraordinaire et au milieu d'un concours immense. Le pape vint à la cathédrale dans une voiture attelée de huit chevaux, surmontée de la tiare et des autres emblèmes de la papauté. Napoléon et Joséphine, qui le suivaient de près dans une voiture tout éclatante d'or et des plus riches peintures, se faisaient remarquer par un costume qui rappelait celui du moyen âge. L'empereur portait un manteau de velours cramoisi, semé d'abeilles d'or et doublé de satin blanc et d'hermine. A ses côtés se tenaient les princes de sa maison, des cardinaux, des évêques, tous les ordres de l'État, les ambassadeurs et la députation de la république

italienne. « Dieu tout-puissant, dit l'auguste
» pontife, après avoir fait les trois onctions d'u-
» sage, vous qui avez établi Azaël pour gouver-
» ner la Syrie, et Jéhu roi d'Israël, en leur ma-
» nifestant vos volontés par l'organe du prophète
» Élie ; qui avez également répandu l'onction
» sainte sur la tête de Saül et de David par le
» ministère du prophète Samuel, répandez par
» mes mains les trésors de vos grâces et de vos
» bénédictions sur votre serviteur Napoléon, que,
» malgré notre indignité personnelle, nous con-
» sacrons aujourd'hui empereur en votre nom. »
Prenant alors la couronne des mains du saint-
père, il la posa sur sa tête ; puis il couronna
l'impératrice, qui s'était agenouillée devant lui.
Quelques mois plus tard, le nouveau *Charlemagne* recevait à Milan, des mains du cardinal
Caprara, la couronne des anciens rois lombards,
et était sacré roi d'Italie. La république de Gênes,
les États de Parme, étaient réunis à l'empire
français; Lucques formait l'apanage d'Élisa
Bonaparte, mariée à un capitaine corse, Pascal
Bacchioli, qui devenait ainsi prince de Piom-
bino, avec le titre d'altesse.

Il était impossible que l'Europe ne s'alarmât

pas à la vue de ces envahissements successifs qui trahissaient la pensée de l'empereur et sa tendance ambitieuse à la domination universelle, et, à la voix du célèbre Pitt, la Suède, la Russie et l'Autriche, formaient une nouvelle coalition. Il fallut abandonner le projet d'une descente en Angleterre, et transporter sur le Rhin l'armée réunie à Boulogne, et qui de ce moment prit le nom de *grande armée*; car déjà quatre-vingt-dix mille Autrichiens, sous les ordres de l'archiduc Ferdinand et du général Mack, avaient envahi la Bavière; l'archiduc Jean prenait position dans le Tyrol, et le prince Charles marchait sur l'Adige, à la tête de cent mille hommes, tandis que deux armées russes accouraient à marches forcées pour se réunir à l'armée autrichienne.

Mais le génie de Bonaparte a tout prévu; d'une main ferme il a tracé à l'avance tout le plan de ses opérations, et toute l'habileté de Mack est mise en défaut. Tandis qu'il concentre ses forces autour de la ville d'Ulm, Masséna fait tête en Italie au prince Charles, l'empereur franchit le Danube dans les journées des 6 et 7 octobre; le 9, il entre à Ausbourg; le 12, il s'empare de Munich, et dégage la Bavière; le 20, il force les trente mille hommes de Mack, renfermés dans Ulm, de se rendre sans combat; et, toujours rapide dans sa marche, toujours victorieux dans ses combats, le 13 novembre, il fait son entrée à Vienne.

Cependant, l'armée austro-russe, bien supérieure en nombre à l'armée française, s'était retranchée dans une position formidable. Par une manœuvre habile, l'empereur réussit à la lui faire abandonner, et en faisant semblant de se replier vers le nord, il attira l'ennemi jusque dans les plaines d'Austerlitz, dont il avait fait lever le plan huit jours auparavant, bien résolu d'y livrer bataille ; et le 2 décembre, jour anniversaire de son couronnement, les deux armées s'ébranlèrent. « Soldats, avait dit Napoléon en passant devant le front de plusieurs régiments, il faut finir cette campagne par un coup de tonnerre. » Cette parole énergique est accueillie avec enthousiasme, nos soldats veulent la réaliser ; Soult, Lannes, Davoust, semblent avoir grandi dans leur courage ; leur intrépidité ne connaît pas d'obstacles. En vain Kutusoff et ses Russes opposent à leurs brusques attaques la plus héroïque résistance ; ils sont chassés des hauteurs

qu'ils occupent, et leur artillerie demeure en
notre pouvoir, et l'aile droite des armées coalisées est massacrée ou met bas les armes; on voit
encore la cavalerie de la garde impériale russe,
faisant un dernier effort, se ruer sur quelques-
uns de nos plus braves bataillons qu'elle écrase
ou disperse; Rapp, qui commande la cavalerie de
la garde française, se précipite avec l'impétuosité du torrent, la culbute et en fait un horrible
carnage; puis, couvert de sang, le sabre brisé,
il vient dire à l'empereur que l'ennemi est en
fuite sur tous les points. Jamais peut-être retraite
ne fut plus meurtrière. L'armée austro-russe
avait à traverser un terrain jonché de cadavres,
il fallait s'engager dans des ravins étroits où
notre artillerie l'écrasait de ses feux, sans qu'elle
pût même se défendre, et devant elle elle rencontra un lac glacé qui s'ouvrit sous le poids des
fuyards; quinze mille Russes furent engloutis
sous les eaux: longtemps on entendit leurs cris
déchirants, et on n'avait aucun moyen de leur
porter secours; ils périrent tous jusqu'au dernier... Deux jours après, l'empereur d'Allemagne venait dans l'humble tente du vainqueur
d'Austerlitz lui demander la paix, et l'empereur

de Russie, qui avait obtenu de sa générosité un armistice, que, pour notre part, nous n'accuserons pas, quoique plus tard il ait oublié cet acte de magnanimité, se retirait au fond de ses steppes avec les faibles débris de son armée.

Arbitre souverain des conditions, Napoléon ne perdit pas de vue sa pensée dominante, l'agrandissement de l'empire. L'ancien territoire de Venise, la province de Dalmatie et de l'Albanie furent réunies au royaume d'Italie. Murat, son beau-frère, eut les pays d'Anspach, de Clèves et de Berg, et Berthier obtint la principauté de Neufchâtel. La Bavière et le Wurtemberg furent érigés en royaumes, comme pour former à Napoléon deux grands vassaux de plus. La maison royale de Naples fut obligée de fuir devant les armées françaises, et le trône qu'elle laissait vide fut donné à Joseph, plus tard roi d'Espagne. Ainsi, en quelques mois, Napoléon avait relevé l'antique empire d'Occident, et régnait sur la plus grande monarchie qu'on ait vue depuis Charlemagne. Mais il dut penser à affermir cette prodigieuse domination, et sa politique habile prépara cette vaste organisation de principautés et de royaumes secondaires de l'Allemagne en une association offensive et défensive dont il se fit le chef et se déclara le protecteur, de manière qu'à l'avenir le midi de l'Allemagne ne fût plus qu'un contingent militaire aux ordres de Napoléon, qui en retirerait cinquante-trois mille hommes, pour en faire l'avant-garde permanente de l'armée française. C'était à la fois porter un coup mortel à l'Autriche, qui perdait la dignité et les avantages de l'empire, et s'assurer des alliés nombreux et intéressés à ne pas trahir la France, qui seule pouvait défendre leurs nouveaux droits, s'ils étaient attaqués. Cette association prit le titre de confédération du Rhin. Quelques mois plus tard, la Hollande, préparée par les habiles manœuvres de Napoléon, et séduite par le prestige de sa gloire, lui demandait pour roi le prince Louis, son frère, qui avait épousé Hortense de Beauharnais.

Au milieu de ces graves préoccupations, Napoléon n'oubliait pas la gloire nationale et la prospérité de la France. Pour effacer jusqu'aux derniers souvenirs de l'anarchie révolutionnaire, il rétablit le calendrier grégorien, rendit au culte catholique l'église de Sainte-Geneviève, fit élever trois autels expiatoires dans les caveaux de Saint-Denis, où l'impiété avait brisé et dispersé les ossements de nos rois, et s'y réserva sa sépulture et celle de sa famille. Il fit ouvrir sur toute l'étendue de l'empire des grandes routes et des canaux, il fonda à l'école Polytechnique une chaire de belles-lettres, une autre d'économie rurale à l'école d'Alfort, créa l'Université, supprima les maisons de jeu, et rendit un décret qui réglait l'état civil des Juifs en France, à qui il fut interdit de faire le commerce et de prendre les noms patronymiques de l'Ancien Testament. Il honora l'armée en faisant fondre les canons conquis en Allemagne pour élever la magnifique colonne de la place Vendôme, et en érigeant plusieurs provinces en fiefs impériaux avec le titre de duchés, en faveur de ceux de ses généraux qui s'étaient plus particulièrement distingués sur les champs de bataille.

Le célèbre Guillaume Pitt, cet implacable ennemi de la France, était mort au mois de janvier 1806, mais sa politique lui avait survécu, et l'Angleterre continuait toujours à soulever de nouvelles guerres sur le continent. A la voix de

IENA.

la jeune reine de Prusse, qui parcourait à cheval, le casque en tête et couverte d'une cuirasse tout étincelante d'or, les rues de Berlin, appelant aux armes les sujets de son époux, les vieux soldats de Frédéric et la jeune noblesse avaient poussé le cri de guerre ; la Russie s'engageait à partager la lutte. Prompt comme l'éclair, Napoléon franchit le Rhin, culbute l'ennemi à Saalfeld, et, le lendemain, sur les hauteurs qui dominent les plateaux d'Iéna, il arrête silencieusement le plan de la bataille. « Soldats, dit-
» il, avant de commencer l'affaire, ne redoutez
» pas cette célèbre cavalerie ; opposez-lui des
» carrés fermes et la baïonnette ; quand on ne
» craint pas la mort, on la fait entrer dans les
» rangs ennemis. » Ce peu de paroles suffit à nos braves, qui firent comme de coutume des prodiges de valeur, et à une heure la bataille était gagnée ; l'armée prussienne fuyait en désordre ; l'arme française avait pris ou tué cinquante mille hommes. Trois cents canons, six cents drapeaux et tous les magasins de l'ennemi formaient les trophées de sa victoire. Quelques jours après, Napoléon campait à Berlin avec sa garde, tandis que ses lieutenants poursuivaient

jusqu'au delà de l'Elbe les débris de l'armée prussienne.

L'empereur signala alors sa clémence par un des plus beaux traits que l'histoire des rois conquérants ait jamais eu à enregistrer. Le prince de Laetsfeld, gouverneur civil de Berlin, au mépris de la capitulation, avait écrit secrètement pour informer l'ennemi des dispositions et des plans de l'armée française; sa lettre, interceptée, avait été remise à l'empereur, et il en prenait lecture au moment où le prince venait le saluer. Cette indigne trahison emportait la peine de mort. La princesse de Laetsfeld vint tout en larmes se jeter aux genoux de l'empereur, protestant de l'innocence de son mari, dont elle ignorait le crime. Pour toute réponse, Napoléon lui donna la lettre à lire, et quand elle revint de son évanouissement : « Madame, lui » dit-il avec bonté, cette lettre est la seule » preuve qui existe contre votre mari, jetez-la » au feu. » C'était une noble et généreuse manière de pardonner au coupable.

La guerre se poursuivait avec avantage sur différents points de la Prusse. Le maréchal Soult s'emparait de Lubeck ; Murat faisait en un jour seize mille prisonniers; la capitulation de Magdebourg livrait entre les mains du maréchal Ney les débris de cent soixante-dix bataillons; la Saxe était détachée de la Prusse pour former un royaume indépendant, et le pays conquis était frappé d'une contribution de soixante millions de francs; la Silésie et la Pologne prussienne étaient envahies, et Varsovie, qui devait saluer nos victoires avec enthousiasme et s'attacher avec tant de constance à la fortune de nos armes, était tombée au pouvoir des Français après un simple combat d'avant-garde contre l'armée russe venue trop tard pour secourir son allié. Mais les intempéries de la saison obligèrent Napoléon de prendre ses quartiers d'hiver, en attendant que les chemins raffermis lui permissent de continuer sa marche victorieuse. Les Russes crurent l'occasion favorable pour le surprendre, et le 8 février 1807 ils l'attaquèrent vigoureusement sous les murs de Preussich-Eylau.

Le champ de bataille s'étendait sur de vastes marais boueux, coupés par des ravins profonds engorgés de neige. Le temps était affreux; l'air, obscurci par une neige épaisse, forçait à combattre presqu'au hasard. L'armée ennemie occu-

pait des positions inabordables ; tout le courage
de nos soldats ne put les en débusquer, des régiments furent anéantis sans pouvoir gagner un
pouce de terrain. Immobiles, les Russes soutinrent sans plier le choc impétueux de nos bataillons. On se battit ainsi douze heures, pendant lesquelles trois cents bouches à feu, de
chaque côté, ne cessaient de vomir la mort ; le
carnage fut affreux ; la nuit vint heureusement
suspendre le combat. L'empereur assembla son
conseil, et il fut arrêté que, le lendemain, on
abandonnerait le champ de bataille. Mais, au
jour, on fut tout surpris de voir que l'ennemi
battait en retraite, et on compta au nombre des
victoires cette affaire d'Eylau, qui n'avait eu
cependant d'autre résultat que de répandre des
torrents de sang, sans aucun profit pour l'une
et l'autre des deux armées. Cette journée, où le
brave d'Hautpoul périt en chargeant à la tête de
ses cuirassiers, avait été si meurtrière que,
malgré les secours portés aux blessés des deux
nations, plus de quarante-huit heures après
beaucoup étaient encore étendus sur la neige,
poussant de lamentables gémissements et implo-
rant la pitié de leurs frères d'armes.

C'était presqu'un revers pour Napoléon, accoutumé à vaincre toujours. Il ne se découragea pourtant pas, et pendant que, par l'entremise du général Sébastiani, son ambassadeur, il engageait la Turquie et la Perse à déclarer la guerre à la Russie, lui-même, sortant de ses cantonnements d'hiver, repoussait l'attaque de l'ennemi, qui avait repris l'offensive, l'obligeait d'abandonner des positions fortifiées à grands frais, et par des manœuvres habiles il débordait l'armée russe, lui coupait la retraite sur Kœnigsberg, et concentrait toutes ses forces sous les murs de Friedland. Le 14 juillet, les Russes débouchaient hardiment sur le pont de la ville; il était trois heures du matin; on se battit jusqu'à une heure du soir. Les ennemis se défendirent avec un courage intrépide et digne d'un meilleur sort, mais il fallut enfin céder; la ville avait été forcée, la garde impériale culbutée par le maréchal Ney et la division Dupont, qui en avaient fait un affreux carnage; il ne leur restait ni artillerie ni magasins. « Soldats, dit l'empe-
» reur, l'ennemi s'est aperçu trop tard que
» notre repos était celui du lion..... Des bords
» de la Vistule, nous sommes arrivés sur ceux

» du Niémen avec la rapidité de l'aigle. Vous
» célébrâtes à Austerlitz l'anniversaire du cou-
» ronnement; vous avez cette année dignement
» célébré celui de la bataille de Marengo... Sol-
» dats, vous avez été dignes de vous et de moi. »

L'empereur de Russie dut penser à la paix, car l'armée française, maîtresse de Kœnigsberg, touchait aux frontières de son vaste empire. Napoléon et Alexandre eurent une entrevue sur le Niémen; ils s'embrassèrent à la vue des deux armées, et établirent la base de la pacification de l'Europe. L'empereur français dicta en vainqueur les conditions du traité; il rendit au roi de Prusse une grande partie de ses Etats, mais à la condition qu'il céderait à la France toutes les provinces entre le Rhin et l'Elbe, et la ville de Dantzick; qu'il reconnaîtrait la confédération du Rhin et l'indépendance de la Pologne, qui formerait un Etat souverain sous le titre de grand-duché de Varsovie et sous le protectorat du nouveau roi de Saxe; des provinces allemandes détachées de la Prusse, il composa le royaume de Westphalie, qu'il donna à Jérôme, le plus jeune de ses frères; la Hollande reçut aussi quelque agrandissement, et tous le princes qu'il avait placés sur le trône furent reconnus légitimes. Tels étaient les articles principaux du fameux traité de Tilsit, qui semblait devoir assurer pour longtemps le repos de l'Europe. Mais l'Angleterre était toujours là avec sa haine héréditaire, devenue plus vive encore depuis que Napoléon avait déclaré les Îles Britanniques en état de blocus; interdisant à l'Europe tout commerce avec elle, il avait voulu frapper au cœur sa rivale, ne prévoyant pas que l'Angleterre remuerait le monde pour ne pas mourir, et qu'un jour le monde ainsi remué renverserait sa puissance pour défendre et sauver ses intérêts sacrifiés à une ambitieuse politique. En signant ce décret, Napoléon avait signé sa future déchéance.

CHAPITRE VI.

Campagnes d'Espagne et d'Autriche.

A l'exception de l'Angleterre et de la Suède, toutes les puissances du continent étaient courbées sous la suprématie de Napoléon ; l'Europe tremblante obéissait à sa volonté ; il faisait ou défaisait les rois à son gré ; il découpait, démembrait les provinces selon les intérêts de sa politique. Il était alors à l'apogée de la gloire et de la grandeur, et la France, humble et soumise, n'attendait qu'un signal du maître qu'elle s'était donné pour lui sacrifier jusqu'à la dernière goutte du sang de son dernier enfant. La sagesse eût conseillé au conquérant de se reposer, d'affermir dans la paix cette puissance prodigieuse que la guerre lui avait acquise, et de faire jouir son peuple des fruits de tant de travaux et de tant de dévouement. Mais l'ambition est comme un vertige : elle aveugle les esprits les plus élevés, et tourne les têtes les plus fortes. L'empereur ne sut pas s'arrêter à temps ; il voulut franchir les limites que la Providence a fixées au génie et à la force de l'homme, et briser toutes les barrières qui gênaient ses rêves gigantesques. Téméraire et injuste, il devait tomber un jour...

Le Portugal, qui, à la faveur de sa position topographique, était resté en dehors du mouvement qui agitait le reste de l'Europe, avait combiné avec l'Angleterre ses rapports commerciaux. Par un décret inséré au *Moniteur*, Napoléon prononça la déchéance de la maison de Bragance, et Junot eut ordre d'aller faire exécuter *la sentence* à la tête d'une armée de vingt-sept mille hommes. Aucune déclaration de guerre ne précéda cette étrange invasion, qui se fit avec tant de rapidité, que la cour de Portugal n'en eut connaissance que lorsque nos troupes n'étaient guère qu'à vingt lieues de Lisbonne. La conquôte fut d'autant plus facile, que le prince régnant défendit toute résistance et s'embarqua précipitamment pour le Brésil. Du reste, elle nous échappa un peu plus tard en moins de temps encore.

Le vieux Charles IV, roi d'Espagne, avait montré à Napoléon une fidélité et un dévouement à toute épreuve. Ses vaisseaux s'étaient joints à nos escadres, ses armées combattaient vaillamment sous nos drapeaux, la gloire de nos armes leur était chère autant qu'à nos soldats. Napoléon profita des funestes dissensions qui s'élevèrent entre le roi et le prince des Asturies qui l'avait forcé d'abdiquer en sa faveur; il proposa au père et au fils son arbitrage, les attira tous deux à Bayonne, eut avec eux plusieurs conférences, les trompa l'un et l'autre par de fallacieuses promesses, puis les exila sur divers points de l'empire. Le trône d'Espagne fut déclaré vacant et donné à Joseph Bonaparte, déjà roi de Naples. Murat, beau-frère de Napoléon, hérita de ce dernier royaume.

La politique peut avoir ses intérêts; la justice a ses droits imprescriptibles qu'on ne viole pas impunément. Nous avons loué Napoléon de bonne foi dans le bien qu'il a fait ; ici, nous sommes forcé de dire que sa conduite à l'égard des Bourbons d'Espagne ne fut ni noble, ni loyale, ni juste. C'est une des taches de sa vie d'ailleurs si grande que les années n'effaceront pas. Toute l'Europe s'en plaignit ; l'Espagne se souleva d'indignation. Elle se souvint de son héroïque résistance contre la domination des Maures, et poussant le cri de guerre, elle se leva avec un enthousiasme chevaleresque pour repousser l'usurpation, et les montagnes servirent encore de retraite à ses infatigables *guérillas*. Madrid se révolta, et plus de cinq cents Français furent égorgés dans les rues. Croyant comprimer l'insurrection, Murat fit mitrailler le peuple et fusiller plusieurs centaines d'Espagnols et même des femmes. Ces sanglantes représailles ne firent qu'exaspérer les esprits ; et, de ce moment, la guerre devint féroce comme aux plus mauvais jours de la barbarie. Les deux peuples semblaient avoir oublié tout sentiment d'humanité.

Malgré la victoire du maréchal Moncey, dans le royaume de Valence, et du maréchal Bessière, sous les murs de Médine, la fidèle Espagne marchait à grands pas à la conquête de son indépendance, et défendait au prix de son sang le plus pur, les droits d'un prince qui se montrait peu digne de tant de sacrifices et qui mendiait lâchement, dans sa prison de Valençay, l'honneur d'entrer dans la famille de celui qui l'avait spolié du trône. Notre flotte, retirée à Cadix depuis la funeste bataille de Trafalgar, était tombée au pouvoir des insurgés, et, à Baylen, le général Dupont flétrissait la gloire du drapeau français en posant les armes, et ses vingt-deux mille hommes étaient fouillés comme des voleurs, en vertu de la honteuse capitulation qu'il avait signée. Maître du Portugal dont il avait chassé Junot, lord Wellington devenait un puissant auxiliaire. L'armée espagnole qui avait combattu avec nous à Friedland rentrait en Espagne sur des vaisseaux anglais, pour prendre part à la lutte glorieuse de la nation ; le faible Joseph, à peine arrivé à Madrid, avait dû se retirer en toute hâte à Vittoria. Ferdinand VII était de nouveau proclamé roi d'Espagne.

L'étoile de Napoléon commençait à pâlir, et la victoire inconstante rompait le pacte qu'elle semblait avoir juré de couronner partout nos armes.

L'Espagne allait nous échapper et prouver à l'Europe qu'avec du courage et un patriotisme profond, on pouvait briser le joug de l'homme qui faisait trembler toutes les puissances du continent. Napoléon le sentit; mais, renfermant dans le silence de son cœur ses tristes et douloureux pressentiments, il voulut frapper un grand coup, étonner encore le monde pour raffermir sa suprématie chancelante; et, après avoir réuni à Erfurth tous les souverains du Nord et de l'Allemagne, dont il reçut les hommages plus empressés que sincères, l'infatigable conquérant franchit les Pyrénées et entra en Espagne, où il ne tarda pas à changer la face des affaires. Sa présence, on le sait, était pour nos soldats le gage assuré de la victoire. Sous son regard, ils pouvaient tout, ils se croyaient invincibles.

En quelques jours, une armée espagnole fut mise en déroute dans l'Estramadure, une autre taillée en pièces dans la Galice. Les corps d'insurgés qui combattaient dans l'Andalousie et dans l'Aragon, écrasés à Tolède, se débandèrent; et, marchant de triomphe en triomphe, Napoléon arriva sous les murs de Madrid, dont les rues avaient été dépavées et barricadées, et dont on avait crénelé et matelassé toutes les maisons. Quelques coups de canon suffirent, et la ville, qui semblait disposée à soutenir bravement toutes les horreurs d'un siége opiniâtre et désespéré, implora la clémence de l'empereur et lui ouvrit ses portes. Un décret impérial supprima de suite l'inquisition et réduisit des deux tiers le nombre des monastères.

De Madrid, Napoléon se porta rapidement à la rencontre de l'armée anglaise, commandée par le général Moore. Celui-ci, qui craignait d'engager le combat et de compromettre l'honneur de sa nation, reculait toujours devant l'ennemi terrible qui le pressait sans relâche et le suivait pas à pas dans toutes ses positions. Cette retraite précipitée fut plus funeste à l'armée anglaise que la bataille qu'elle voulait éviter; elle lui coûta neuf mille hommes, dix mille chevaux, toute son artillerie et ses caisses militaires. Atteinte à la Corogne, elle eut à soutenir contre Napoléon un combat meurtrier où périt le général Moore avec deux mille cinq cents des siens; et les débris de cette armée si florissante quelques jours auparavant se trouvèrent trop heureux de pouvoir s'embarquer à la faveur de la nuit. L'empereur ne put achever la conquête de l'Espagne si heureusement commencée. L'Autriche, qui ne nous pardonnait pas de l'avoir tant de fois humiliée, se préparait à une nouvelle lutte, et Napoléon revint à Paris, laissant à ses lieutenants la difficile mission de soumettre un peuple qui retrempait chaque jour sa force et sa résistance dans les ardeurs de sa foi religieuse et dans l'amour brûlant de son indépendance.

Le siége de Saragosse offrit surtout l'exemple de cet héroïsme qu'inspire à un peuple courageux l'amour sacré de la patrie et de la liberté, et en lisant ce sublime et sanglant épisode de la lutte mémorable que soutint l'Espagne contre la valeur de nos armées, on se croit transporté à ces temps antiques où les cités s'ensevelissaient sous leurs dernières ruines, ne laissant à leurs vainqueurs que des cadavres et des décombres ensanglantés. A la tête d'une armée imposante, l'intrépide duc de Montebello épuisait contre cette place toutes les ressources de son génie, tous les efforts de son impétueuse bravoure. Huit mois durant, il tenta, mais en vain, de lasser sa résistance par des attaques multipliées. Le

peuple de Saragosse, animé par les exhorta-
tions et l'exemple de ses moines, qui parcou-
raient les rangs, un crucifix à la main, opposa
la plus opiniâtre défense à tout le courage de
nos soldats. Les ravages d'une épidémie terrible
qui sévissait dans la ville plus cruellement
encore que dans l'armée assiégeante, et qui
chaque jour lui enlevait par milliers ses braves
défenseurs, ne purent faire fléchir son noble
dévouement. Ses hôpitaux encombrés de ma-
lades et de morts qu'on ne pouvait enterrer,
exhalaient une odeur infecte, et ceux que l'épidémie ne tuait pas ressemblaient plutôt à des
spectres qu'à des hommes. Aux horreurs de la
maladie se joignaient les horreurs de la faim, et
pourtant pas une voix ne s'élevait pour parler
de capitulation. Mourir jusqu'au dernier plutôt
que de se rendre, telle était la résolution suprême, l'héroïque serment de la population.

Tout autre peut-être que le maréchal Lannes,
fatigué des longueurs du siége et de l'inutilité
de ses efforts, eût porté ailleurs ses armes; mais
il n'était pas homme à abandonner une entreprise, quelque périlleuse et pénible qu'elle fût.
Les difficultés et les obstacles ne faisaient qu'en-

flammer son courage; lui aussi avait juré d'emporter la place, ou de mourir sous ses murs... Enfin, après vingt-huit jours de tranchée ouverte, il pénétra dans la ville, où l'attendait encore l'infatigable résistance des assiégés. Toutes les maisons, les abbayes, les églises étaient transformées en autant de forteresses dont il fallait faire le siége, et qu'on n'emportait qu'à l'aide de la mine ou du feu. Pendant vingt-huit jours, il fallut ainsi se battre de rue en rue, de maison en maison; cinquante-quatre mille Espagnols de toute condition, de tout sexe, payèrent de leur vie ce dévouement; nobles et saintes victimes de l'amour de la patrie. Terrible dans le combat, le duc de Montebello se montra clément et humain dans la victoire. Son grand cœur fut sans doute frappé, ému de tant d'intrépidité, et il traita avec la plus touchante bonté les débris de cette population infortunée. C'était à la fois honorer sa victoire et rendre un éclatant hommage au courage malheureux...

Cependant, l'Espagne tout entière, possédée de la même fureur, s'animait aux combats, et partout nos armées rencontraient un ennemi qui lui disputait sa pénible conquête. Trop faibles et assez prudents pour ne pas attaquer de front et en bataille rangée les Français, qui avaient pour eux l'avantage du nombre et de la discipline, les Espagnols les attendaient, cachés dans les montagnes, dans les défilés et sur les bords des rivières qu'il leur fallait traverser. On était sûr de les rencontrer partout où un accident de terrain favorisait cette guerre de parti, où ils semblent exceller, et qu'aucun peuple ne soutient avec autant de constance et d'habileté. Malheur aux corps isolés : ils tombaient dessus avec la rapidité de la foudre, les enveloppaient sans leur donner le temps de se reconnaître, et les massacraient sans pitié ; le lendemain on retrouvait sur la route ou dans les citernes des cadavres mutilés, auxquels, par un raffinement de barbarie qui fait horreur, ils avaient arraché le cœur et les entrailles...

Pour comble de malheur, la division se mit entre les généraux français ; chacun voulut suivre ses inspirations ; il n'y eut plus d'ensemble dans les opérations ; l'orgueil leur fit oublier la sage recommandation de l'empereur au moment de son départ ; accoutumés à ne reconnaître d'autre suprématie que celle de l'homme dont le puissant génie les dominait, ils agirent sans concert, et rendirent ainsi inutile le courage de deux cent mille Français, l'élite de notre armée. Les Espagnols profitèrent de cette fatale division ; le duc de Wellington surtout fut habile à l'exploiter. Malgré la victoire de Gouvion-Saint-Cyr près de Tarragone, et du maréchal Soult à Oporto, où vingt mille Portugais restèrent sur le champ de bataille, il dégagea le Portugal et gagna contre le roi Joseph et le maréchal Victor la bataille de Talavéra, où les deux armées firent des prodiges de valeur et se disputèrent vivement la victoire. La prise de Tolède et la capitulation de Girone nous dédommagèrent quelque peu de cet échec. L'hiver et la mésintelligence qui éclata entre les Espagnols et les Anglais qui abandonnèrent alors leur alliée, ralentit pendant quelque temps l'acharnement de la lutte.

L'Autriche, dont les mouvements n'avaient pu échapper à la pénétration de Bonaparte, avait organisé sans bruit une armée de quatre cent mille hommes, dont le commandement avait été confié au prince Charles, le plus célèbre de ses généraux, et, croyant le moment favorable, elle

avait envahi le territoire de la Confédération, et forcé le roi de Bavière à sortir de Munich, sa capitale. Prompt comme l'éclair, Napoléon, qui eut toujours pour principe de mettre à défaut les calculs de ses ennemis par la rapidité de ses opérations et la brusque impétuosité de ses plans, vola en Allemagne. Huit jours après le commencement des hostilités, il est déjà en face des Autrichiens. « Soldats, dit-il à ses troupes, j'arrive
» avec la rapidité de l'éclair, j'étais entouré de
» vous, lorsque le souverain de l'Autriche vint
» à mon bivouac en Moravie ; vous l'avez entendu implorer ma clémence et me jurer une
» amitié éternelle. Vainqueur dans trois guerres, l'Autriche dut tout à notre générosité ;
» trois fois, elle a été parjure !... Nos succès
» passés nous sont un sûr garant de la victoire
» qui nous attend. Marchons donc, et qu'à
» notre aspect l'ennemi reconnaisse son vainqueur. »

L'événement justifia sa confiance. Le 19 avril, il fut vainqueur au combat de Thann ; le 20, à la tête des Bavarois et des Wurtembergeois, fiers de combattre sous lui, il défit séparément à Abensberg deux corps d'armée autrichienne.

Le 22, avec cinquante mille hommes, il attaquait à Ekmülh une armée de cent dix mille combattants, la chassait de ses positions, la mettait dans une déroute complète, et lui prenait son artillerie et vingt mille prisonniers. Le lendemain, par une de ces manœuvres hardies autant que sages, qui révèlent le caractère de son génie, il triomphait à Ratisbonne, et le roi de Bavière reprenait le chemin de sa capitale. « L'ennemi, disait-il à ses soldats en les passant en revue et en récompensant les plus
» braves, l'ennemi promettait naguère de porter
» ses armes dans notre patrie ; aujourd'hui, défait, épouvanté, il fuit en désordre. Déjà mon
» avant-garde a passé l'Inn; avant un mois,
» nous serons à Vienne. » Ce n'était pas une vaine promesse; le 10 mai, chassant toujours devant lui l'armée autrichienne, il arrivait sous les murs de la capitale de l'Autriche.

La population, animée par l'archiduc Maximilien, qui avait juré de s'ensevelir sous les ruines de la place, résolut de se défendre jusqu'à la dernière extrémité. Irrité d'une résistance à laquelle il ne s'attendait pas, Napoléon, la nuit même, fit bombarder la ville, et deux mille obus y allumèrent de toutes parts un vaste incendie dont on eut peine à arrêter les progrès. Mais, ayant appris par un officier autrichien que la jeune archiduchesse Marie-Louise, qu'une maladie grave avait empêchée de sortir de Vienne, était exposée au feu des batteries, aussitôt, par un procédé généreux et délicat, il leur donna une autre direction. Le 13, l'archiduc, qui vit bien qu'il lui était impossible de sauver la capitale, l'abandonna précipitamment, et le même jour l'empereur y fit son entrée à la tête de l'armée française, et vint loger au magnifique palais de Schœnbrünn, où il ne prit que deux ou trois jours de repos. Le 19, après une affaire meurtrière, il s'empara de l'île de Lobau, dont l'occupation lui était de la plus haute importance pour passer le Danube. Les deux jours suivants furent employés à jeter sur le fleuve trois ponts, formant ensemble un prolongement de mille mètres; le lendemain, tout le courage de nos soldats suffit à peine à paralyser les efforts de l'armée autrichienne. Mais, le 22, de nouveaux renforts permirent à nos troupes, de reprendre l'offensive à Essling, et dès le commencement de la bataille le centre de l'ennemi fut percé. La victoire était certaine; déjà les Autrichiens s'ébranlaient, lorsque tout à coup les trois ponts furent emportés par les eaux du fleuve. Cet événement, dû à l'habileté du prince Charles, qui, comptant sur la crue du fleuve, y avait fait jeter d'énormes masses d'arbres et de poutres, releva le courage de nos ennemis, et mit dans le plus grand danger l'armée française. Séparée de sa cavalerie et de son parc de réserve, elle dut se replier en arrière. L'imminence du péril ne découragea pas toutefois Napoléon : nos soldats firent des prodiges de valeur, soutenus par l'exemple des généraux, qui tous se montrèrent dignes de la confiance de l'empereur. Huit fois le village d'Essling fut pris et repris; de part et d'autre, la perte fut énorme. Cependant le fleuve grossissait toujours, roulant les amas d'arbres et de radeaux chargés de pierres, et rendant inutiles tous nos efforts pour rétablir le pont. Deux mille blessés français, étendus sur la rive, demandaient en vain des secours qu'on ne pouvait leur donner. La grosse cavalerie avait été détruite, nos carabiniers anéantis, et la nuit se faisait obscure, ajoutant encore aux horreurs de la situation.

Enfin, les communications furent rétablies entre les deux rives, et l'armée française, emportant ses blessés, dont la plupart moururent faute de secours, put regagner l'île de Lobau, où l'empereur venait d'arriver, monté sur une frêle embarcation qui n'avait pu vaincre qu'à grand'peine la violence du vent et la rapidité du courant.

L'histoire est plus juste qu'un bulletin d'armée, et elle n'inscrira pas la bataille d'Essling au nombre de nos victoires. Nos soldats s'y montrèrent, comme toujours, admirables de courage et d'intelligence; mais il ne leur fut pas donné de triompher du nombre et de l'élément terrible qu'aucune force humaine ne pouvait maîtriser. Napoléon, dans cette journée fatale, se laissa aller à toute l'impétuosité de sa bravoure, et combattit comme un simple soldat. Il se jeta au plus fort de la mêlée, et le général Walther, témoin du danger, et n'écoutant que son affection, fut obligé de lui crier : « Sire, retirez-vous, ou je vous fais enlever par mes grenadiers. » Ce fut aussi à Essling que le maréchal Lannes (1), un des généraux que Napoléon

(1) Voir la note 0, page 260.

affectionnait le plus, mourut fracassé par un boulet de canon, qui lui emporta les deux jambes. L'empereur lui donna des larmes sincères, et toute l'armée le regretta. C'était un de ces hommes dont la perte est une plus grande calamité que celle de plusieurs batailles.

Heureusement, le prince Eugène, qui avait fait sa jonction avec le maréchal Marmont, amena à Napoléon de puissants renforts qui lui permirent de reprendre l'offensive. L'île de Lobau fut fortifiée à grands frais ; des ponts solides et à l'épreuve du courant furent jetés sur le Danube, et, le 4 juillet, l'armée franchissant le fleuve, se déploya devant la formidable position des Autrichiens. Le lendemain, elle préluda par l'affaire d'Enrersdoff à la célèbre bataille de Wagram. Douze heures durant, six cents pièces de canon ne cessèrent de vomir la mort, et quatre cent mille hommes se disputèrent vivement la victoire. De part et d'autre, le courage était égal : le prince Charles soutint dignement sa réputation de grand capitaine, et il put croire un moment que, le premier, il triompherait en bataille rangée de l'invincible guerrier qui n'eut point d'égal dans les temps modernes.

8.

Déjà une partie de notre armée était détruite, l'autre commençait à plier, et l'empereur s'était élancé au milieu d'un effroyable déluge de boulets; il semblait chercher la mort, pour ne pas survivre d'un jour à sa gloire. Tout à coup il s'arrête, son œil brille, et sa pensée s'éclaire d'une soudaine illumination. Il donne l'ordre à Macdonald d'attaquer le centre de l'armée autrichienne, et une batterie de cent pièces de canon ouvre un feu meurtrier. La victoire est à nous : écrasé de front, débordé dans ses ailes par des mouvements brusques et impétueux, le prince Charles, malgré tout son courage et son habileté, reconnaît qu'il y aurait témérité à soutenir plus longtemps le combat. Vaincu, mais couvert de gloire dans sa défaite même, il se rallia en bon ordre, et on admira sa savante retraite, comme on avait admiré son intrépide résistance. La bataille de Wagram détermina l'Autriche à demander la paix, et Napoléon retourna au palais de Schœnbrünn, où il faillit périr sous le poignard d'un jeune fanatique.

Un jour qu'il passait sa garde en revue, un étranger, d'une physionomie douce et belle, s'approcha de lui comme pour lui remettre un placet; on voulut l'éloigner, sous prétexte que ce n'était pas le moment; son insistance donna des soupçons, et on remarqua qu'il portait un couteau : il fut arrêté. Après la revue, il fut conduit à l'empereur. « D'où êtes-vous, lui dit Bonaparte, et depuis quand êtes-vous à Vienne? — Je suis d'Erfurth, répondit le jeune étranger; il y a deux mois que j'habite Vienne. — Que me vouliez-vous ? — Vous demander la paix. — Pensez-vous que j'eusse voulu écouter un homme sans caractère et sans mission ? — En ce cas je vous aurais poignardé. — Quel mal vous ai-je donc fait? — Vous opprimez ma patrie et le monde entier ; si vous ne faites pas la paix, votre mort est nécessaire au bonheur de l'humanité; en vous tuant, j'aurais fait la plus belle action qu'un homme d'honneur puisse entreprendre. — Est-ce la religion qui vous a déterminé? — Non; mon père, ministre luthérien, ignore mon projet; je ne l'ai communiqué à personne ; je n'ai reçu conseil de qui que ce soit : seul, depuis deux ans, je médite votre changement ou votre mort... — Êtes-vous franc-maçon illuminé?—Non.—Vous connaissez l'histoire de Brutus ? — Il y a eu deux

Romains de ce nom ; le dernier est mort pour la liberté...— Avez-vous eu connaissance de la conspiration de Moreau et de Pichegru ? — Les papiers m'en ont instruit. — Que pensez-vous de ces hommes ?— Il ne travaillaient que pour eux et craignaient de mourir. — On a trouvé sur vous un portrait ; quelle est cette femme? — Une jeune personne à qui je devais m'unir, la fille adoptive de mon père. — Quoi ! votre cœur est ouvert à de doux sentiments, et vous n'avez pas craint de perdre les êtres qui vous aiment?...— J'ai cédé à une voix plus forte que celle de la tendresse. — Vous avez une tête exaltée ; si je vous pardonnais, seriez-vous fâché de votre crime ? — Je ne veux pas de pardon ; j'éprouve le plus vif regret de n'avoir pu réussir, et je ne vous en tuerais pas moins ! »

L'empereur parut effrayé de tant de fanatisme, et, quand il eut fait éloigné le prisonnier : « Voilà, dit-il, les résultats de l'illumi-
» nisme qui infeste l'Allemagne, et on ne tue
» pas une secte à coup de canon. » Voulant, toutefois, faire grâce au jeune Allemand, il le laissa quatre jours sans aucune nourriture, espérant qu'il reviendrait à des sentiments plus

modérés, et qu'il témoignerait du repentir. Mais
le jeune étranger ne perdit rien de son énergique assurance. Il fut donc abandonné à un conseil de guerre, qui le condamna à être fusillé.
Avant de tomber, il s'écria d'une voix forte :
« Vive la liberté! vive l'Allemagne! mort à son
tyran! » Ce fanatique s'appelait Stabs.

Pendant que ces événements se passaient en
Allemagne, et avant que la paix fût signée, l'Angleterre, quoique épuisée de sacrifices et obligée
d'ouvrir des emprunts, poursuivait avec une infatigable persévérance le plan que lui avait légué
le célèbre Pitt. Toujours debout, toujours prête
à saisir les occasions qui lui paraissaient favorables, elle tenta une expédition dans les Abruzzes et dans la Calabre, qui venaient de s'insurger, et en même temps elle s'empara de l'île de
Walchéren et du port de Flessingue, où nous
avions dix vaisseaux prêts à prendre la mer. Elle
voulait ruiner le chantier d'Anvers, où se construisaient vingt autres vaisseaux de ligne, et arrêter la navigation de l'Escaut. Ces tentatives hardies ne réussirent pas au gré de ses espérances.
En Italie, Murat, qui régnait à Naples sous le
nom de Joachim Ier, força les Anglais de se rem-

barquer, et en Hollande, grâce aux promptes mesures de Fouché, qui mobilisa la garde nationale, et au courage du maréchal Bernadotte, ils évacuèrent Flessingue; et cette expédition, dont ils s'étaient promis d'immenses résultats, leur coûta deux mille hommes.

Nous placerons ici, pour n'avoir pas à interrompre l'histoire du grave événement dont nous allons avoir à parler, ce qui se passa à l'égard de la Hollande et du général Bernadotte. Louis Bonaparte, que Napoléon avait fait roi de Hollande, était un homme de mœurs douces, étranger à tout sentiment d'ambition. Monté sur le trône, il n'eut plus qu'une pensée, le bonheur et la prospérité du peuple qui confiait à son dévouement ses plus chers intérêts. Le système continental, qui fermait à l'Angleterre tous les ports de l'Europe, ruinait l'industrie et le commerce du pays qui, plus que tout autre, par ses nombreux affluents et la diversité de ses relations, offrait un immense débouché aux exportations de la Grande-Bretagne. Le roi Louis en gémissait, et, trop faible pour désobéir ouvertement aux ordres impérieux de son frère, il tolérait en secret le commerce des marchands

hollandais avec l'Angleterre. Napoléon le sut, et il envoya en Hollande un corps de vingt mille hommes pour assurer le blocus des ports. Louis ne put supporter cette dure tyrannie ; il abdiqua en faveur de son fils, et laissa la Hollande. Mais Napoléon, qui déjà s'était fait céder le Brabant hollandais et une partie de la Gueldre, refusa de ratifier l'abdication, et réunit à l'empire le royaume de Hollande. « Venez, mon fils, dit-il
» au jeune prince dont il venait de confisquer
» les États, je serai votre père; vous n'y per-
» drez rien. La conduite de votre père afflige
» mon cœur, sa maladie seule peut l'expliquer.
» Quand vous serez grand, vous paierez sa
» dette et la vôtre. N'oubliez jamais, dans quel-
» que position que vous placent ma politique et
» l'intérêt de mon empire, que vos premiers
» devoirs sont envers moi, vos seconds envers
» la France; *tous vos autres devoirs*, même
» envers le peuple que je pourrais vous confier,
» *ne viennent qu'après...* » Ces étranges paroles ne peuvent être justifiées, et si une telle politique pouvait jamais prévaloir, il faudrait plaindre et les rois et les peuples livrés à la merci d'une ambition démesurée.

L'empereur semblait, d'ailleurs, plus préoccupé que jamais de l'idée d'agrandir l'empire, au mépris des droits les plus sacrés et au préjudice de toutes les nationalités. C'est ainsi que dans le même temps il détacha de la Bavière la partie méridionale du Tyrol en faveur du royaume d'Italie, qu'il incorpora à la France, par de simples décrets insérés au *Moniteur*, le Valais, Hambourg, les villes Anséatiques, le Lawenbourg, et tout le pays situé entre l'Elbe et le Weser. Il en fit, avec la Hollande, un département français, déclara Rome la seconde ville de l'empire, et Amsterdam la troisième. On se demandait avec effroi où il consentirait enfin à fixer les limites de cette vaste domination, qui portait par quelque endroit sur tous les points de l'Europe.

Gustave-Adolphe, quatrième roi de Suède, avait abdiqué à la suite d'une conjuration, et son oncle le duc de Sudermanie, lui avait succédé sous nom de Charles XIII. N'ayant point d'enfant, il avait adopté le prince d'Augustemberg, son neveu, qui devait après lui, monter sur le trône. Mais ce jeune prince ayant été frappé d'apoplexie, d'autres disent empoisonné, les états furent convoqués pour élire un autre héritier. La Suède était alors agitée par la révolution et menacée dans son indépendance. Elle avait besoin d'un roi assez fort pour contenir les factions et pour défendre au besoin le pays contre les invasions du dehors. On jeta les yeux sur le maréchal Bernadotte, qui se laissa séduire à l'éclat d'une couronne, et fit bon marché de ses principes républicains. Napoléon ne l'aimait pas; il vit avec déplaisir le choix de la diète, prévoyant bien qu'il avait tout à craindre, pour l'avenir, d'un homme qui lui avait toujours témoigné de la défiance, et qui, à un grand courage, joignait une grande expérience dans l'art des combats, mais il dissimula par prudence son mécontentement, et Bernadotte partit pour la Suède, où il abjura le catholicisme et se fit protestant, condition nécessaire en ce pays pour régner. Sa femme montra plus de générosité que lui, et refusa d'imprimer la même tache à son nom. Traître à sa foi, nous verrons plus tard cet homme, traître à sa première patrie, combattre contre la France dans les rangs ennemis.

CHAPITRE VII.

Le souverain pontife Pie VII persécuté. — Campagne et retraite de Moscou.

Napoléon, encore consul, avait, comme nous l'avons vu, signé avec le souverain pontife le concordat qui rétablissait en France le culte catholique. Mais, fidèle à son système politique, il ne s'était pas contenté des larges concessions que l'Église crut devoir faire à la nécessité. De son propre mouvement, il y avait ajouté certains articles dit organiques, contre lesquels Rome protesta avec une noble fermeté, et dont Pie VII demanda la suppression, quand il vint à Paris pour le sacre de l'empereur. Dès cette époque, d'autres difficultés avaient été soulevées par le souverain pontife au sujet des terres appartenant au saint-siége, et qui se trouvaient retenues en partie par l'empire français et en partie par la république italienne. Ses refus de déclarer la nullité du mariage de Jérôme que Napoléon voulait faire casser, l'occupation d'Ancône par un corps de troupes françaises, du mépris de la neutralité et des représentations du pape, les lettres menaçantes que l'empereur lui écrivait de temps en temps, tout présageait et préparait cette lutte douloureuse qui se termina par la captivité du vénérable pontife qui avait répandu l'huile sainte sur la tête du nouveau Charlemagne.

Pie VII était doux et humble de cœur; d'un caractère conciliant et pacifique, il était toujours prêt à tous les sacrifices que sa conscience lui permettait de faire; étranger à toute pensée d'orgueil, il eût descendu volontiers du trône pontifical, si le bien de l'Église l'eût demandé; il eût été heureux de reprendre la bure du religieux et d'échanger la tiare contre le froc qu'il avait longtemps porté; mais quand l'intérêt sacré de la religion l'exigeait, cet homme si doux, sans rien perdre de la modération du langage, se

montrait ferme, et toute la puissance de Napoléon ne le faisait pas dévier de la ligne du devoir. « Le prêtre, écrivait-il à l'empereur, qui a
» la vérité dans le cœur et sur les lèvres, supportera tout avec résignation et sans crainte;
» de la tribulation elle-même il recevra le reconfort de la constance... » — « Nous sommes résigné à tout, écrivait-il encore, et prêt à nous
» retirer dans un couvent ou dans les catacombes à Rome, à l'exemple du premier successeur de saint Pierre. » Un tel homme était invincible, et Napoléon pouvait bien dire de lui : « Je trouve dans mon siècle un prêtre (le
» pape) plus puissant que moi. »

Accoutumé à voir toutes les volontés se plier devant la sienne, et tous les fronts se courber humblement devant sa puissance, Napoléon ne pouvait comprendre la noble et sainte résistance du chef de l'Église, et, malgré sa vénération pour Pie VII, il commença à oublier la soumission que tout catholique doit au successeur de Pierre, au vicaire de Jésus-Christ. L'orgueil lui fit croire que la Providence l'avait suscité pour veiller, comme il le disait lui-même, *au maintien de la religion*, pour faire mieux que Rome, *et suppléer à sa faiblesse et à son inertie*; que, tôt ou tard, *par un moyen ou par un autre*, *il finirait par avoir à lui la direction du pape et des rois; quelle influence! quel levier d'opinion sur le monde!...* Sa pensée à cet égard était profonde; ainsi il dépouillerait le pape de ses possessions en Italie, et l'attirerait à Paris, où il lui assignerait une résidence digne de sa haute position, pour gouverner, par lui et sous son nom, les affaires religieuses. *Paris, serait devenu la capitale du monde chrétien, et il aurait dirigé le monde religieux aussi bien que le monde politique, il aurait eu ses sessions religieuses, comme ses sessions législatives, ses conciles, dont les papes n'eussent été que les présidents; il eût ouvert et clos ces assemblées, approuvé et publié leurs décisions.*

C'était là une erreur grave, et tout en protestant de son inviolable attachement pour le dogme, Napoléon l'outrageait de la manière la plus formelle. Il n'en est pas des royaumes spirituels, fondés par J.-C., comme des royaumes de la terre, que Dieu a livrés à la puissance et à l'ambition des hommes. Ceux-ci peuvent être changés modifiés, agrandis ou diminués, ils peuvent passer d'une dynastie ancienne à une dynastie nouvelle, la forme n'en est pas inaltérable, et ils participent essentiellement à la mobilité et aux vicissitudes des choses humaines; mais l'empire spirituel, que le divin fondateur de l'Église a confié aux mains et à la fidélité indéfectible des successeurs de Pierre, est de sa nature immuable : il ne peut périr, et les temps ne sauraient le modifier. Napoléon aspirait à dominer cet empire souverain ; la puissance du pape le gênait, l'humiliait ; il voulait l'affaiblir et l'associer à sa propre puissance. C'était plus qu'une faute, et Pie VII devait défendre avec une noble et courageuse fermeté les droits méconnus de son autorité ; il ne pouvait, sans une lâche apostasie, abandonner le dépôt sacré qu'il avait reçu de Dieu, et qu'il avait juré de garder intact.

Les courageuses résistances du vertueux pontife, les représentations pleines de dignité qu'il ne cessait de lui faire pour le ramener dans une voie meilleure, le refus qu'il fit de se déclarer contre les puissances ennemies de la France, ses énergiques protestations contre l'envahissement du *patrimoine de saint Pierre*, que Napoléon, par un acte de sa volonté, avait déclaré réuni à l'empire, irritèrent son orgueil, et dès ce moment il sembla oublier toute modération, toute prudence. Son langage avec le souverain pontife était fier et menaçant; il lui parlait en maître qui ne voulait pas être contredit. Sous différents prétextes, il l'isolait des conseillers qui lui étaient les plus dévoués; à Rome, la correspondance du saint-père était violée; ses gardes jetés en prison, son palais cerné; les évêques et les prêtres de ses États ne pouvaient parvenir jusqu'à lui, et des proclamations affichées à tous les coins des rues encourageaient ses sujets à la révolte. On demandait aux prélats et aux curés un serment dont le refus les exposait à des peines rigoureuses ; les religieux et les religieuses étaient impitoyablement chassés de leurs monastères.

Toujours calme, mais ferme, Pie VII attendait le dénoûment de cette odieuse persécution, et il tenait prête, pour la lancer quand le temps en serait venu, la bulle d'excommunication qui devait atteindre les auteurs, fauteurs et exécuteurs des violences exercées contre le pape et le saint-siége. Le 10 juin 1809, le jour même où un décret de l'empereur, publié à son de trompe dans tous les quartiers de la ville, ordonnait la réunion à l'empire de ce qui restait des États romains ; où, au bruit de l'artillerie du château Saint-Ange, le pavillon pontifical était descendu pour faire place au pavillon français, la bulle fut courageusement affichée dans les lieux accoutumés, et produisit un véritable enthousiasme dans toute la population.

Le général Miaulis, qui commandait à Rome, inquiet et effrayé de cette mesure extrême et de la fermentation générale qui se manifestait sous les caractères les plus alarmants, donna ordre au général Radet d'enlever le pape pendant la nuit et de l'éloigner de la capitale. Radet hésita quelque temps : cette mission lui répugnait ; il obéit pourtant, et ordonna toutes les mesures pour s'assurer du succès. A deux heures de nuit, le palais fut envahi, les portes des appartements brisées à coups de hache, et Pie VII, qui s'était levé à la hâte, sans rien perdre de sa sérénité habituelle, fit ouvrir sa chambre, pour éviter de plus grands désordres, et se présenta de lui-même au général. *A la vue de cette tête sainte doublement couronnée*, le général, que nous laissons parler lui-même, sentit dans tous ses membres un mouvement oppressif et spontané ; il ne savait que faire, que dire ; puis après quelques minutes de silence, pâle, la voix tremblante et entre-coupée, il fit connaître au saint-père la mission pénible qu'il avait à remplir, s'il ne renonçait à la souveraineté temporelle de Rome et des États romains. Sur son refus, Pie VII, accompagné du seul cardinal Pacca, sans suite, sans argent, sans autres habits que ceux qu'il portait sur lui, fut enlevé de Rome et dirigé vers la Toscane.

Le souverain pontife, dont la santé était profondément altérée, eut beaucoup à souffrir de la fatigue et des incommodités du voyage. Mais le pieux empressement des populations, qui, de tous côtés, se portaient sur son passage, qui, à genoux, le conjuraient de les bénir, les larmes qu'il voyait répandre sur sa captivité, les témoignages de zèle et de vénération qu'il ne cessait de recevoir sur toute sa route, soutinrent son courage et ses forces, et il oubliait ses propres malheurs pour consoler la douleur générale et modérer le dévouement de ceux qui voulaient le délivrer des mains des soldats qui le retenaient prisonnier. C'est au milieu de ces

9.

manifestations qu'il traversa le royaume d'Etrurie, une partie de la France, et Nice, avant d'arriver à Savone, qui lui était fixée pour résidence.

Cependant, l'empereur marchait à grands pas dans la fausse route où il s'était engagé. Les cardinaux romains étaient dispersés, exilés sur différents points. Il faisait prononcer la nullité de son mariage avec Joséphine, par la seule officialité de Paris, contrairement aux règles établies pour ces sortes de procédures. Il voulait se passer de l'institution canonique pour les évêques récemment nommés, si le pape, qui protestait toujours contre l'usurpation de ses Etats et la violence qui était faite à sa personne, persistait à la refuser. Il imposait aux évêques des conditions tyranniques qui ne leur laissaient plus la liberté de leur ministère, supprimait les missions, enfermait au donjon de Vincennes les cardinaux et les prélats courageux qui défendaient les droits du saint-siége, interdisait toute communication avec le chef de l'Eglise, et, de son propre mouvement, supprimait trois évêchés dans les Etats romains, ce que peut à peine le pape pour des motifs urgents, dans les plus grands besoins de l'Eglise.

Les choses en étaient là, lorsque, le 10 juin 1812, sur l'ordre de Napoléon, Pie VII fut enlevé de Savone, déguisé, pour n'être pas reconnu sur la route ; on marcha jour et nuit jusqu'au 20, où il arriva à Fontainebleau, qui lui était destiné pour résidence ou plutôt pour prison. Pendant tout ce trajet, le vénérable pontife, quoique malade, resta constamment enfermé dans sa voiture, même pour ses repas ; aussi sa santé était si ébranlée, qu'on craignit pour ses jours, et qu'il dut, en arrivant, rester au lit pendant plusieurs semaines. A Fontainebleau, comme à Savone, il eut continuellement à lutter contre les injustes prétentions de l'empereur, qui ne se départait point de son système de persécution. Abreuvé de douleur et d'outrages, le noble vieillard attendait avec calme des jours meilleurs et supportait sans murmurer les rigueurs de sa captivité. Le ciel eut enfin pitié de ses longues souffrances : ne pouvant vaincre sa courageuse et sainte résistance, l'empereur lui rendit la liberté. Presqu'au moment où lui-même allait devenir prisonnier, et à la fin de mars 1814, Pie VII, au milieu des bénédictions des peuples chrétiens, reprit le chemin de Rome où il fit son entrée solennelle le 24 mai suivant ; il y avait près de vingt ans qu'il en était sorti.

L'histoire a déjà jugé cet étrange épisode d'un règne si fécond en dramatiques événements. Elle a loué le courage, elle a plaint les souffrances du pieux pontife ; elle a flétri l'orgueil obstiné du conquérant qui menaça avec hauteur le vicaire de Jésus-Christ, le chef de l'Eglise, qui persécuta avec un incroyable acharnement le vieillard vénérable qui lui avait toujours montré l'affection d'un père, qui affligea l'Eglise tout entière dans la personne du premier pontife, qui usa de violence pour le dépouiller des droits sacrés qu'il tient de Dieu, et l'amener, par les ennuis d'un long exil, à des concessions que sa foi ne lui permettait pas de faire. Ce jugement de l'histoire n'a rien de trop sévère, et lui-même, quand le malheur l'eut humilié, quand les sentiments religieux de son enfance se réveillèrent dans son âme en face de la mort, il dut amèrement se reprocher son crime ; car, à cette heure suprême, il comprit qu'une justice inexorable venge les attentats

commis contre l'Eglise de Jésus-Christ ; et que
c'est attaquer Dieu lui-même que d'outrager
son représentant sur la terre. Mais revenons aux
événements qui allaient changer la face de l'Europe et lui rendre l'indépendance par la chute
de l'homme qui la faisait trembler sous sa puissante suprématie.

Napoléon, comme nous l'avons dit, avait fait
casser son mariage avec l'impératrice Joséphine,
sous prétexte qu'il n'avait pas été contracté dans
les conditions voulues par l'Église, mais en réalité parce qu'il se voyait menacé *d'être seul de
sa race* et qu'il n'avait pas d'enfants à qui laisser
sa double couronne et le vaste empire sur lequel
il régnait. L'Autriche, qui n'osait contrarier ses
désirs, lui avait donné l'archiduchesse Marie-Louise, qu'il épousa solennellement dans une des
salles du Louvre, convertie en chapelle pour la
cérémonie, en présence des rois, des princes et
des ambassadeurs réunis, et le 20 mars 1811
le canon des Invalides annonça au peuple la
naissance du fils de Napoléon, qui reçut au berceau le titre de roi de Rome, que nul n'avait
porté depuis que les Romains avaient aboli
la royauté, sous Tarquin le Superbe. L'empereur

semblait n'avoir plus rien à désirer. A l'exception de l'Angleterre, son irréconciliable ennemie, et de l'Espagne, qui persévérait dans sa noble lutte, toutes les puissances de l'Europe étaient ses vassales plutôt que ses alliées ; les rois et les empereurs lui formaient une cour ; ils accouraient à sa voix pour recevoir ses ordres, heureux d'obtenir de lui un regard, un sourire : on les vit se presser à Dresde, où il les avait convoqués, rivalisant d'obéissance et de servitude, et sollicitant humblement l'honneur de lui donner leurs fils pour aides de camp. Il commandait à soixante-dix-huit millions d'hommes ; grâce à une sage et sévère économie, les finances étaient dans un état prospère ; l'armée était enthousiaste et dévouée jusqu'au fanatisme au chef qui la menait de victoires en victoires. C'était l'apogée de sa gloire et de sa grandeur, et la Providence choisit ce moment pour humilier et laisser tomber l'homme qu'elle avait élevé si haut. Dieu veut réellement marquer l'œuvre de ses mains à des caractères qui ne permettent pas de la méconnaître.

L'empereur de Russie n'attendait qu'une occasion favorable pour rompre avec honneur le traité qu'il avait signé avec Napoléon. Le blocus maritime dont celui-ci exigeait la rigoureuse exécution contre l'Angleterre ruinait ses peuples. Il refusa de s'y soumettre plus longtemps, et en même temps il demanda que nos armées évacuassent la Prusse et l'Espagne pour se replier derrière le Rhin, et que la France accordât une juste indemnité au duc d'Oldenbourg, son parent, dont la principauté avait été violemment réunie à l'empire. Ce langage équivalait à une déclaration de guerre : Napoléon le comprit, et les préparatifs furent poussés avec une incroyable activité sur toute la surface de l'empire. De son côté, Alexandre vint établir son quartier général à Wilna, résolu à tenter les derniers efforts pour repousser l'invasion qui menaçait ses Etats. Jamais les Russes n'avaient montré autant d'enthousiasme et un aussi ardent patriotisme ; au nom de Dieu et de la patrie ils se croyaient invincibles.

Le 12 juin, Napoléon était sur les frontières de l'empire moscovite, promettant à ses soldats la conquête de la Russie, *entraînée*, disait-il, *par la fatalité, et dont les destins devaient s'accomplir*. Le lendemain, il franchit le Niémen. Son armée se composait de plus de six cent mille combattants, divisés en quatorze grands corps, dix d'infanterie et quatre de cavalerie. Jamais, depuis les temps anciens, on n'avait vu une aussi formidable expédition. L'armée russe, sous les ordres de Barclay de Tolly et de Bagration, qui comptait à peine quatre cent mille hommes, mais qui plus tard devait recevoir de puissants renforts, ne crut pas prudent de s'opposer au mouvement des Français; elle abandonna Wilna à la hâte après avoir mis le feu à une partie de ses magasins, et nos troupes marchèrent en avant sans être inquiétées.

Cependant, il fallait suivre un pays plat, découvert, presque inculte, et d'où l'ennemi, avant de se retirer, avait détruit tout ce qui pouvait offrir quelques ressources à nos soldats. Ces vastes plaines, nues et arides, ces immenses marécages, ce climat sombre, ce ciel encore inconnu, faisaient naître de sinistres pressentiments, et rappelaient le souvenir des armées qui y avaient trouvé leur tombeau. On disait que l'empereur avait été jeté sur le sable par son cheval, et cette chute était regardée comme un funeste présage. Une sage politique, que les soldats accusaient, parce qu'ils ne pouvaient la comprendre, lui avait fait refuser l'affranchissement de la Pologne, pour ne pas se faire, en ce moment, deux ennemis des souverains d'Autriche et de Prusse, qui, au démembrement de ce malheureux royaume, en avaient obtenu chacun une part considérable, et l'imprudence de Jérôme, roi de Westphalie, avait laissé échapper l'armée de Bagration dans un moment où il eût été facile de lui couper la retraite et de lui faire mettre bas les armes ; la campagne s'ouvrait sous de fâcheux auspices, et, pour la première fois, nos soldats crurent à de grands revers. L'étoile de Napoléon se voila à leurs yeux des premiers nuages : il leur sembla qu'elle pâlissait.

Toujours confiant dans sa fortune, tout entier à la pensée de briser le colosse russe, qui tôt ou tard écrasera de son poids l'Europe qu'il menace sans cesse, si des révolutions intérieures et les sourdes révoltes des nationalités, humiliées et froissées dans leur ardent patriotisme et dans leurs vieilles croyances, ne le minent par le pied jusqu'à ce qu'il tombe avec fracas, Napoléon poursuivait avec ardeur son gigantesque projet, pressant l'arrivée de ses troupes, réparant les fautes de ses lieutenants et combinant ses mouvements avec tant de précision, qu'à cent lieues du point où ils s'étaient séparés, et après trente deux jours de marche, les différents corps d'armée, par des routes diverses, se rencontraient à la même heure au rendez-vous où il les attendait avec son quartier général. Quelques jours après, il occupait Witepsk, mais il ne put décider les Russes à accepter la bataille qu'il leur offrait ; il eut la douleur de les voir, fidèles à leur prudente tactique, se replier sur Smolensk, l'un des boulevards de l'empire.

On a reproché à Napoléon, comme une faute grave, de n'avoir pas borné la campagne de 1812 à l'occupation de Witepsk, où il eût pu faire venir d'Allemagne et de Pologne des approvisionnements suffisants pour ses quartiers d'hiver, et, au printemps, avec une armée bien reposée et abondamment pourvue de vivres et de munitions, reprendre l'offensive. C'était l'avis de ses plus vieux généraux, qui lui représentaient que déjà on entrait dans la saison des pluies ; que, par la rareté des fourrages, la cavalerie et l'artillerie perdaient beaucoup de leurs chevaux ; qu'on allait, aux approches de l'hiver, avoir à traverser trois cents lieues dans des contrées désertes et saccagées par l'armée russe, qui brûlait villages et moissons sur sa route. Mais Napoléon, comme autrefois, avait fait le bouillant Charles XII, ne voulut rien entendre des conseils de la sagesse : il espérait atteindre l'armée russe, la forcer à accepter le combat, et il donna l'ordre de marcher sur Smolensk, où s'était renfermé Barclay de Tolly, qui, malgré les imposantes fortifications dont elle était environnée, ne put la défendre plus d'un jour contre l'intrépidité de nos soldats ; mais, en se retirant, il ne nous laissa qu'un vaste amas de ruines et de cendres : il avait mis le feu à la ville. Le lendemain, Gouvion Saint-Cyr culbuta à Polotsk le corps d'armée de Witgenttein. Cette brillante action lui valut le bâton de maréchal. Pendant ce temps, Bagration et Barclay de Tolly opérèrent leur jonction sur la route de Moscou, se retirant en bon ordre sur la *ville sainte*, et l'armée française, franchissant le Dniéper ou Borysthène, atteignait les Russes à Valentina, où périt le brave général Gudin. L'incroyable inaction de

Junot sauva l'ennemi d'une entière destruction.

Le prince Kutusoff avait remplacé Barclay de Tolly. Les Russes avaient salué avec enthousiasme le vieux guerrier, vainqueur des Turcs, qui leur promettait de sauver la *ville sainte* et d'humilier l'orgueil des *infidèles* qui menaçaient de la profaner. De son côté, l'empereur Alexandre mettait tout en œuvre pour soutenir le courage et la confiance de ses peuples, et ils juraient de mourir tous jusqu'au dernier pour la défense de la patrie. Depuis le jour où un simple paysan, pleurant de rage sur le malheur de la Moscovie asservie au joug de la Pologne, avait conçu la généreuse idée de la délivrer, jamais on n'avait vu plus de dévouement, plus d'exaltation, et le czar dut croire qu'un tel peuple, résigné à tous les sacrifices et heureux de verser son sang pour *la cause sainte*, était invincible. C'est dans ces dispositions que l'armée française atteignit les Russes sur une chaîne de montagnes, près du village de Borondino. De part et d'autre, on se prépara pour le combat.

« Frères, s'écriait Kutusoff marchant à la tête
» d'une procession de prêtres qui portaient l'i-
» mage de la Sainte Vierge sauvée de l'incendie

» de Smolensk, tandis que les soldats à ge-
» noux faisaient retentir l'air du chant des
» cantiques sacrés; frères, Dieu va combattre
» avec le glaive de l'archange Michel; le sa-
» crilége qui pénètre dans vos sanctuaires les
» souille de sang et renverse vos autels. Avant
» que le soleil de demain ait disparu, vous
» aurez écrit votre foi et votre fidélité dans le
» sang de l'agresseur et de ses légions. » —
« Soldats, disait Napoléon, la victoire dépend
» de vous; elle nous est nécessaire... Con-
» duisez-vous comme à Austerlitz, à Friedland,
» à Smolensk..... Que l'on dise de vous :
» Il était à cette grande bataille, sous les murs
» de Moscou. »

Le 7 septembre, dès six heures du matin, au moment où les premiers rayons du soleil commençaient à dissiper la brume épaisse qui enveloppait la plaine, les corps du général Compans, de Davoust et de Poniatowski, attaquèrent les Russes. Le prince Eugène tourna la gauche de l'ennemi, et s'empara du village de Borondino. Une heure après, l'affaire était engagée sur toute la ligne. Ce fut un combat de géants, et les deux armées, à peu près de la même force, munies chacune de douze cents pièces de canon, firent des prodiges de valeur. Les Français soutinrent noblement leur réputation de courage : ils furent braves et impétueux comme à Austerlitz ; les Russes, immobiles à leur poste, aussitôt ralliés que rompus, sous le feu meurtrier de notre artillerie, bravaient la mort, et disputaient le terrain pied à pied. Enfin, après quatre heures de la plus opiniâtre résistance, deux de leurs redoutes furent enlevées, et si, en ce moment, Napoléon, qui, pendant toute l'action, était demeuré dans une froide immobilité, absorbé et comme anéanti par la souffrance de la fièvre, eût consenti, comme on le lui demandait, à faire donner sa garde, c'en était fait sans doute de l'armée russe, qui, grâce à cette obstination, put se retirer tranquillement pendant la nuit, et se replier en bon ordre sur la route de Moscou, nous faisant payer bien cher l'occupation de Mojaïsk, où nos soldats n'entrèrent qu'après une lutte sanglante et acharnée.

La bataille de la Moscowa, dont la gloire revient en partie au maréchal Ney (1), où près de

(1) Voir la note 7, page 269.

quatre-vingt mille hommes furent tués ou blessés, et qui coûta à la France un grand nombre d'officiers d'élite, parmi lesquels l'intrépide Montbrun, le jeune Larochejaquelin, et le brave et chevaleresque Auguste de Caulaincourt, ouvrait à Napoléon le chemin de Moscou. Le 14, l'armée française, du haut des collines qui la couronnent, put contempler avec une joie mêlée d'orgueil cette vieille métropole de la Moscovie, moitié européenne, moitié orientale, avec ses huit cents églises, ses mille clochers, ses nombreux palais, ses obélisques et ses coupoles dorées, offrant en réalité une de ces cités fameuses de l'Asie, telles que les a peintes la riche imagination des poètes arabes. « Moscou, Moscou ! » s'écriaient nos soldats en battant des mains. Hélas ! cet enthousiasme devait être de courte durée !...

Moscou était presque désert. Le gouverneur, Rotopschin, avait pris une résolution désespérée, et la noblesse s'était résignée à cet acte étrange de patriotisme, dont il faut aller chercher le modèle dans les siècles les plus reculés. *La ville sainte*, les antiques tours du Kremlin, saluées pendant tant de siècles comme le *palla-*

dium de la liberté, devaient être abandonnées. Les immenses richesses que le commerce de l'Europe et de l'Asie y avaient amassées seraient sacrifiées au salut de la patrie, à l'indépendance de la Moscovie ; il le fallait, et, à peine les Français avaient-ils fait leur entrée dans Moscou, à peine Napoléon s'était-il installé dans le palais des czars, l'ordre du gouverneur est accompli : l'incendie éclate de toutes parts (1), attisé sans cesse par des soldats de la police russe et par des femmes de mauvaise vie, qui, bravant le sabre de nos soldats, portent partout des brandons enflammés. Les flammes, agitées par les vents, s'élèvent jusqu'aux nues ; tous les quartiers sont embrasés ; les tours du Kremlin menacent de s'écrouler sous les pas de l'empereur, qui n'a que le temps de se sauver à la hâte : Moscou n'est plus qu'un vaste brasier, qu'un amas de cendres et de ruines, au milieu desquelles l'armée établit, comme elle peut, de misérables cantonnements, tandis que les acteurs de la Comédie-Française, mandés à grands frais de Paris pour plaire à Napoléon,

(1) Voir la note 8, page 271.

montent leur théâtre sur des cendres encore tièdes.

Le gouverneur ne s'était pas trompé : l'incendie de Moscou, en exaspérant la haine des Moscovites, nous réduisait à la triste nécessité, ou de mourir de faim dans cette ville dévastée, ou de tenter une retraite qui n'était pas sans danger. Toujours plus opiniâtre contre les difficultés, passionné pour les choses extraordinaires, Napoléon, que la sagesse paraissait avoir abandonné, rêvait encore des conquêtes, et menaçait d'envahir au printemps les fertiles campagnes de l'Ukraine. Mais enfin il fallut céder à la nécessité, et, le 18 octobre, l'armée française commença son mouvement rétrograde par la route de Smolensk, dont toutes les campagnes, désolées par la guerre et l'incendie, n'offraient plus qu'un immense désert. Les Russes manœuvraient sur les flancs, et les cosaques harcelaient à chaque pas les divisions détachées. Tout le courage de nos soldats suffisait à peine à s'ouvrir un passage à travers ces hordes sauvages, avides de pillage et de meurtres.

Pour se faire une idée de cette retraite désastreuse, comme l'histoire n'en mentionne pas, il faudrait en avoir été témoin ; pour la dire dignement, il faudrait plus que la parole humaine : il faudrait une inspiration et un langage d'en haut. Le rude hiver de la Moscovie faisait sentir sa rigueur ; le thermomètre de Réaumur marquait vingt degrés. Les vents du nord soufflaient avec furie : la neige, tombant par tourbillon, ensevelissait hommes et chevaux. A l'exception de la vieille garde, toujours fidèle à sa discipline, et de l'arrière-garde, commandée par le maréchal Ney, l'armée marchait sans ordre et sans règle. La faim, le froid, la fatigue, abattaient nos soldats sur la route ; à demi-nus, sans chaussures, sans pain, ils se traînaient péniblement et pêle-mêle dans la neige ; tous les rangs étaient confondus ; les chefs ne pensaient même plus à exercer le commandement ; la souffrance avait abattu toute leur fierté, et ils ne voyaient dans leurs soldats que des compagnons d'infortune, destinés aux mêmes douleurs, au même trépas. Malheur à celui qui s'arrêtait frappé d'engourdissement et comme enchaîné, il mourait à la place même où il avait cherché un peu de repos ;

malheur à ceux qui, blessés, ne suivaient que de loin, ou qui s'égaraient dans leur route ! les cosaques et les paysans les égorgeaient sans pitié. Tous les jours, des monceaux de cadavres jonchaient la neige sur laquelle l'armée avait bivouaqué pendant la nuit, et la route était semée des ossements de chevaux dont nos pauvres soldats s'étaient disputé les chairs toutes saignantes, et de canons qu'il fallait abandonner ; toute l'artillerie était démontée. C'est dans ce triste état que l'armée gagna Smolensk, sans pouvoir même s'arrêter sous les ruines de cette ville incendiée.

Déjà la garde d'Italie n'était plus, le corps de Murat avait péri ; les troupes polonaises succombaient aux rigueurs du froid. De la grande armée qui avait franchi le Niémen, il ne restait guère sous les armes que quelques centaines de cavaliers et trente-six mille fantassins ; et Kutusoff, à la tête de cent mille hommes, nous pressait l'épée dans les reins. Mais le courage de nos soldats ne faillit pas. Le prince Eugène, qui, un fusil à la main, donnait à tous l'exemple de la bravoure et de la patience, échappa à son terrible ennemi ; Davoust et Ney se firent jour à travers des nuées de cosaques, et l'armée russe, après un engagement qu'un Anglais a appelé *une bataille de héros*, prit la fuite devant une poignée de Français mourant de froid et de faim.

Il fallait traverser la Bérésina, large rivière qui coule au milieu d'immenses marécages. Napoléon, qui a dérobé trois marches à l'ennemi, fait jeter deux ponts. Mais, au moment où, sous le feu des Russes, l'armée franchit le fleuve, l'un des deux ponts fléchit ; l'autre, encombré, ne peut suffire aux masses qui se disputent le passage, et qui, foulant aux pieds les femmes et les enfants, passent sur le corps des blessés qui poussent des cris lamentables. Tout à coup l'armée russe fait pleuvoir une grêle de boulets au milieu de cette foule compacte ; les cavaliers, le sabre à la main, se frayent un passage à travers les blessés et les mourants : l'amour de la vie les a rendus barbares, et ils écrasent leurs frères d'armes pour gagner l'autre rive. Ceux-ci se précipitent dans le fleuve, où ils périssent, ou bien, comme frappés de stupidité, ils se couchent à terre immobiles et attendant la mort, jusqu'à ce que Victor, à la

tête de l'arrière-garde, pousse devant lui cette
foule hébétée qui ne pensait même pas à profiter
de la liberté du passage. Mais il était bien tard,
et l'armée russe, enveloppant toutes ces masses
engourdies et désarmées, leur ferma facilement
toute issue.

On est étonné que les ennemis n'aient guère
fait que suivre notre armée dans sa désastreuse
retraite, et que, réunissant toutes leurs forces,
les généraux de l'empereur Alexandre n'aient
pas écrasé ces misérables débris qui semblaient
ne pouvoir offrir aucune résistance. Mais Napoléon était là encore, avec le prestige et la terreur
de son nom, devenu plus grand par le malheur,
animant du regard et de sa parole puissante les
soldats qui se pressaient autour de lui, qui
le voyaient, un bâton à la main, marcher dans
la neige, comme le dernier d'entre eux, toujours
calme et serein comme aux jours de ses victoires; et quand, au moment du péril, il s'arrêtait, quand, pressé de trop près, il se retournait
pour faire face à l'ennemi, une frayeur soudaine
s'emparait des Russes : ils n'osaient réduire aux
dernières extrémités et forcer dans ses derniers
retranchements le fier conquérant que vingt

10.

ans de victoires avaient fait surnommer *le dieu des batailles*. Mais voilà que tout à coup l'armée apprend que l'empereur, après avoir remis le commandement au roi de Naples, est parti en toute hâte pour la capitale; un long cri de plainte se fait entendre, un découragement profond vient ajouter encore à tous nos malheurs.

Intrépide sur un champ de bataille, Murat n'avait pas le génie qui fait le grand capitaine; il ne savait que se battre : aussi il resta bien au-dessous de la grande mission que lui avait confiée son beau-frère. Il abandonna Wilna et les immenses magasins qu'on y avait formés pour l'approvisionnement de nos troupes, et bientôt, par un froid de 28 degrés, qui, en quatre jours, fit périr quarante mille de nos soldats, il se trouva engagé dans les défilés de Ponari, en face de montagnes de glaces, au pied desquelles il fallut abandonner l'artillerie et tous les bagages. Heureusement, le courage du maréchal Ney ne faillit pas dans ces circonstances critiques : à la tête de quelques grenadiers, il soutint les efforts de l'armée russe, et son noble dévouement couvrit la retraite. De son côté, le prince Eugène, qui prit le commandement de l'armée, déploya toute l'habileté et le sang-froid d'un général consommé, et, grâce à sa sage manœuvre, nous pûmes éviter de plus grands désastres. Mais il n'en fallut pas moins avec des pertes énormes, renouvelées chaque jour, repasser le Niémen, puis la Vistule, et enfin la Worta et l'Oder (1).

Il faut lire, dans les auteurs témoins des faits (2), l'histoire de cette mémorable retraite où périt, presque tout entière, la plus belle armée qu'il ait été donné à l'Europe de contempler jamais. Les campagnes horriblement dévastées, les forêts et les villages brûlés au loin sur la route que suivait l'armée, des ravins profonds encombrés de neige, un ciel sombre et presque toujours couvert de nuages menaçants, le vent du nord soufflant avec furie et courbant jusqu'à terre les quelques noirs sapins surchargés de glaçons, que l'incendie avait épargnés, un froid rigoureux, excessif, qui engourdissait nos soldats et leur faisait tomber les doigts des mains

(1) Voir la note 9, page 276.
(2) Voir la note 10, page 278.

et des pieds, une marche fatigante pendant le jour, des nuits sans repos sur la neige et la glace, la faim venant ajouter ses horreurs à l'inclémence du climat, les troupes débandées et sans ordre, continuellement harcelées par les infatigables cosaques, sans artillerie, sans nourriture, sans tentes, sans armes, sans chaussure, sans vêtements, se traînant péniblement, l'œil morne, le front pâle et livide, attendant à chaque pas la mort qui ne pouvait tarder; toute la route encombrée de morts, de blessés, d'hommes exténués qui tombaient de faiblesse, d'inanition et de froid pour ne plus se relever; les cris de désespoir, les adieux déchirants que ces malheureux adressaient à leurs frères d'armes, impuissants à les secourir, et pleurant à l'idée d'abandonner à une cruelle agonie ces nobles guerriers qui avaient vaincu sur tant de champs de bataille; des vieillards, des femmes, des enfants qui, les mains jointes et le visage inondé de larmes, conjuraient qu'on les aidât à se relever et à marcher; de jeunes hommes qui, en poussant le dernier soupir, murmuraient le nom de leur mère et du pays qui les avait vus naître, des nuées de corbeaux qui planaient sur la tête de nos soldats en faisant entendre des cris sinistres ; des troupeaux de chiens venus de Moscou pour dévorer nos débris ensanglantés, et qui hurlaient autour de nous comme pour hâter le moment où le fer de l'ennemi et la rigueur du froid leur jetteraient en pâture quelques nouveaux cadavres !!! et ce n'est là qu'une faible et pâle image des horribles souffrances et du lamentable épisode de cette longue marche qui commença au 18 octobre pour finir le 13 décembre. Vingt mille hommes à peine repassèrent le Niémen, la grande armée n'était plus !!!

CHAPITRE VIII.

Invasion de la France. — Abdication de l'Empereur.

Les rêves ambitieux de Napoléon commençaient à s'évanouir, et il ne savait plus lui-même que penser de ce projet de domination universelle qui avait tant souri à son orgueil. Un peuple encore barbare, mais fier et ardent dans son patriotisme; admirable, comme autrefois le peuple de Numance dans ses sacrifices, avait, aidé de son climat, repoussé devant lui ces légions victorieuses qui avaient fait trembler l'Europe. En vain l'empereur a fait un appel à la France; en vain trois cent mille hommes et quarante mille marins devenus inutiles sur nos vaisseaux marchent-ils à grandes journées pour rejoindre les débris de notre armée. Ce noble dévouement, ces sacrifices désespérés d'une nation généreuse, qui donne son dernier enfant pour sauver sa gloire et son indépendance, ne pourront que retarder sa chute de quelques mois et jeter quelque éclat sur les derniers moments de sa carrière militaire. Le moment approchait où le géant qui avait tout brisé sur son passage devait tomber lui-même. Ainsi l'avait arrêté dans ses immuables pensées celui qui, du haut du ciel, conduit les événements qui agitent la face du monde, et qui tient dans ses mains les destinées des hommes et des empires.

L'armée russe était campée sur les bords de la Vistule, renforcée par les Prussiens, qui venaient de déserter notre cause et qui brûlaient du désir de prouver à l'Europe que la nécessité seule les avait attachés pour un temps à la fortune de l'homme à qui ils ne pardonnaient pas de les avoir humiliés et vaincus. Toujours animée de sa haine contre la France, l'Angleterre, qui avait salué avec une joie féroce nos désastres, travaillait activement à soulever contre nous nos alliés et les princes qui, jusqu'alors, étaient demeurés neutres dans cette grande lutte. La Suède se montrait menaçante; l'Autriche, qui avait subi plutôt qu'accepté notre alliance, semblait regretter d'avoir assis la fille de ses Césars sur le trône du nouveau Charlemagne, et n'attendait qu'un moment favorable pour se joindre à nos ennemis. L'héroïque Espagne repoussait toujours le roi qu'on avait voulu lui imposer et bloquait étroitement nos armées, malgré le courage des maréchaux Soult et Suchet. L'Allemagne, travaillée depuis longtemps par des sociétés secrètes qui avaient juré d'affranchir la Germanie et de la venger des humiliations de Wagram et d'Iéna, s'agitait au nom de la patrie et de la liberté; ses enfants abandonnaient les universités ou le toit paternel, et demandaient des armes et des champs de bataille. Ce fut dans ces circonstances que Napoléon rejoignit les débris de la grande armée commandée par le prince Eugène. Le 2 mai, l'ennemi lui offrit la bataille dans les plaines de Lutzen, célèbre par la victoire qu'y remporta Gustave-Adolphe sur les troupes de l'empereur d'Allemagne.

L'armée française, formée en grande partie de recrues, fut rompue sur plusieurs points dès le premier choc; mais la présence de Napoléon, qui accourut avec le prince Eugène et quelques-uns de ses maréchaux, rendit le courage aux plus timides; ils se rallièrent et se battirent comme de vieux soldats. Les Russes ne montrèrent pas moins de vigueur, et, après une lutte acharnée de quatre heures, ils s'emparèrent du village de Kaya, position formidable qui leur assurait la victoire. Mais l'empereur, par une attaque désespérée, lança contre eux vingt-deux bataillons de sa garde, appuyés d'une batterie de quatre-vingts pièces de canon. Écrasés par notre artillerie, l'ennemi ne put conserver sa position et nous abandonna le champ de bataille. Faute de cavalerie, nous ne pûmes inquiéter sa retraite, et la bataille de Lutzen, que Napoléon appelait *une bataille d'Italie*, et où les deux armées éprouvèrent des pertes énormes, n'eut d'autre résultat que de débloquer Torgau et de nous ouvrir les portes de Leipsick. Après quelques rencontres peu importantes où nous eûmes l'avantage, l'empereur porta ses troupes sur la rive droite de l'Elbe.

L'armée ennemie, commandée par l'empereur Alexandre et le roi de Prusse, essaya à Bautzen de venger sa défaite. L'action fut vive et meurtrière ; nous y perdîmes beaucoup de monde ; mais la victoire nous resta, ainsi qu'à Wurtchen, où les Russes et les Prussiens, un moment vainqueurs, mais refoulés par le général Gérard, et bientôt après culbutés par la brusque attaque du maréchal Ney, qui déboucha sur la droite de l'armée prussienne, nous abandonnèrent le champ de bataille, jonché de cadavres. Une manœuvre habile de Napoléon avait tourné contre eux tout l'avantage des positions formidables que dix mille soldats avait fortifiées pendant trois mois. Le lendemain eut lieu l'affaire de Reichenbach, où un boulet de canon, après avoir frappé mortellement le général Kirgener, atteignit au ventre le grand-maréchal Duroc, duc de Frioul, que Napoléon avait distingué au siége de Toulon, et pour qui il eut constamment la plus vive affection. La mort de ce brave officier l'affligea profondément, et il passa toute la nuit dans sa tente, sans proférer une parole et sans que personne osât hasarder un mot de consolation ou de distraction. Quant à l'entrevue qu'il aurait eue avec son ami mourant, et au dialogue qui l'aurait accompagnée, il y a tout lieu de croire que cette scène a été imaginée et arrangée par quelque complaisant, et nous nous abstiendrons de la raconter.

L'ennemi demanda un armistice, sous prétexte d'entamer des négociations pour la paix, et l'empereur en profita pour visiter les places de l'Elbe et les garnisons de l'Oder, et compléter ses cadres par de nouveaux renforts, qu'il fit venir de France et d'Espagne. Mais, avant que l'armistice fût expiré, de graves événements s'étaient accomplis. Suchet n'avait pu défendre l'Espagne, malgré son énergique résistance; le roi Joseph, battu à Vittoria, fuyait devant les Anglais, qui déjà menaçaient les Pyrénées. La Suède s'était déclarée contre nous ; la Bavière, le Wurtemberg, la Westphalie, débarrassée de Jérôme, abandonnaient notre drapeau, et l'Autriche rompait son hypocrite neutralité; il ne nous restait pour alliés que les Polonais et les Saxons. C'était le moment peut-être de demander la paix après laquelle soupirait l'Europe, de rendre aux puissances coalisées les provinces que la guerre leur avait enlevées, et aux princes injustement dépossédés les royaumes dont la violence ou la ruse les avait dépouillés. A ce prix

Napoléon eût pu régner encore sur la France renfermée dans ses anciennes limites ; mais son nom eût été flétri, vingt années de combats et de conquêtes eussent été perdues, et, plus grand que son malheur, l'empereur n'hésita pas à tenter jusqu'au bout la fortune des armes. Vaincre l'Europe conjurée ou s'ensevelir glorieusement sous les ruines de son empire, cet homme extraordinaire ne pouvait avoir une autre pensée.

En trois jours, il porte son armée dans la Silésie pour prévenir la jonction des Autrichiens avec l'armée ennemie qui occupe cette province ; mais il est devancé par Blucher, qui, par une indigne violation des droits de la guerre, n'a pas attendu le terme fixé pour la reprise des hostilités. Puis, impétueux comme la foudre, il accourt à Dresde, cernée de toutes parts par la grande armée ennemie, salue le roi de Saxe, remonte à cheval, et, à la tête de sa garde, il repousse l'ennemi sur tous les points, et dégage la ville. Le lendemain, au moment où il examinait les hauteurs qui dominent Dresde et qu'occupait l'armée prussienne, il est frappé à la tête et renversé par un éclat de bois qu'un boulet fait

voler sur lui. Il se relève tranquillement : « Tout
« serait fini, dit-il, s'il avait touché le ventre, »
et il continue son inspection. L'extrême gauche
des alliés était séparée du centre; cette faute de
l'ennemi ne lui échappe pas; son plan d'attaque
est aussitôt arrêté, et Murat, qui n'a pas encore
trahi, s'élance à la tête de la cavalerie de la
garde, culbute les Prussiens et les met en fuite,
laissant vingt-cinq mille des leurs sur le champ
de bataille. Le premier coup de canon tiré dans
cette journée avait frappé mortellement le général
Moreau, qui, depuis quelques jours seulement, avait accepté le triste et honteux honneur
de conduire une armée contre la France, sa patrie. Heureux et justement honoré de tous, s'il
n'eût pas flétri, par cette lâche défection, la
gloire d'une belle vie!...

Napoléon, qu'une maladie de quelques heures a empêché de poursuivre l'ennemi, ne tarde
pas à se montrer de nouveau à la tête de son armée victorieuse. Son regard perçant avait mesuré tous les dangers de sa position; il savait que
le corps du duc de Reggio avait été battu par
Bernadotte; que Macdonald et Ney avaient
éprouvé un échec considérable; que le général

Vandamme, victime de son imprudence et de sa bouillante valeur, avait été réduit à mettre bas les armes tout près de Culm; les rivières gonflées par les pluies d'automne étaient débordées, et séparaient, sans communication possible, les différents corps de troupes. Les quatre armées de Russie, d'Autriche, de Prusse et de Suède, avaient opéré leur jonction, résolues de frapper un grand coup; c'était l'heure suprême de la lutte, et quand, le 15 octobre, les Français arrivaient devant Leipsick, elles débouchaient à la fois pour nous la disputer. Cinq cent mille hommes étaient là en présence, impatients d'en venir aux mains et d'engager la bataille que les Allemands ont si bien nommée la *bataille des nations*.

L'ennemi avait pour lui l'avantage du nombre et l'amour de la patrie, qu'il avait juré d'affranchir. Nous avions, nous, pour enflammer notre courage, nos vieux souvenirs de gloire et la présence du héros qui électrisait nos soldats. Aussi la lutte s'engagea avec un incroyable acharnement. Des deux côtés, on fit des prodiges de valeur; le terrain était disputé pied à pied, et la résistance était aussi désespérée que l'attaque. On se battait sur trois points différents, à une lieue seulement d'intervalle ; repoussés sur un point et forcés de nous replier, ailleurs nous culbutions l'ennemi, et nous enlevions Gossa, tandis que, sur la Pless, l'héroïque Poniatowski, vainqueur après une lutte acharnée, recevait, sur le champ de bataille, le bâton de maréchal de l'empire ; et quand la nuit vint suspendre la fureur des combattants, nous avions tué ou blessé trente mille de nos ennemis. Le lendemain, les alliés, qui avaient reçu un renfort de plus de cent mille hommes, nous enveloppèrent de toutes parts, et le combat recommença avec la même furie. Nous n'avions à leur opposer que cent soixante-quinze mille hommes, mais le courage suppléait au nombre. Accoutumés à vaincre, nos soldats soutinrent sans s'ébranler le choc de l'ennemi, et se défendirent longtemps avec la plus grande intrépidité. Le sol tremblait sous le feu épouvantable de l'artillerie et sous les charges impétueuses de la cavalerie, et la victoire demeurait encore incertaine, lorsque tout à coup les Saxons et les Wurtembergeois, profitant d'un moment favorable à leur lâche trahison, tournèrent contre nous leurs canons et leurs chevaux, nous livrant ainsi à l'ennemi par tous les points. Le courage ne pouvait plus rien, et notre ruine était consommée.

Le lendemain, il fallut battre en retraite devant une armée victorieuse, défendre pied à pied contre ses masses les faubourgs de Leipsick, pour donner le temps à nos troupes de passer l'Elster. L'empereur avait donné ordre qu'on fît sauter le pont aussitôt que toute l'armée française aurait atteint l'autre rive du fleuve, et, par un déplorable malentendu, le feu fut mis à la mine, lorsque vingt mille hommes de l'arrière-garde et de nos meilleures troupes combattaient encore au delà du pont. Ainsi dévoués à une mort certaine, ces vieux soldats ne pensèrent plus qu'à vendre chèrement leur vie, et ils périrent presque tous ou sous les décombres des maisons ou dans les eaux fangeuses de l'Elster, qu'ils essayèrent en vain de traverser. L'ennemi put voir leur douloureuse agonie et entendre leurs cris de désespoir ; il put contempler, se débattant, puis s'abîmant enfin sous les eaux, le héros de Leipsick, le brave et magnanime Poniatowski, dont les vertus et le courage rappelaient les grands hommes de l'antique Pologne. Ces trois journées avaient coûté à l'armée française quatre-vingt-dix mille hommes tués ou blessés, deux cent cinquante pièces de canon et neuf cents caissons. Elle put néanmoins pendant quelques jours poursuivre sa marche sur le Rhin sans être inquiétée; seules les troupes bavaroises essayèrent de lui couper la retraite; mais le courage de nos soldats se fraya un passage à travers les rangs ennemis. Ce fut notre dernière victoire au delà du Rhin, et encore elle nous coûta plus cher qu'aux vaincus eux-mêmes. Bientôt après, le typhus moissonna, en moins de six semaines, plus de soixante mille des nôtres, qui périrent misérablement et presque sans secours dans les hôpitaux où ils étaient entassés.

Il faut être juste, lors même que la vérité est sévère. Napoléon avait commis de grandes fautes. La confiance avait aveuglé sa sagesse et troublé son regard habituellement si sûr. Il n'eût pas dû accorder à ses ennemis la trêve dont ils profitèrent pour soulever contre lui les puissances neutres ou alliées; la prudence lui commandait de ne pas étendre, comme il le fit, sa ligne d'opération, de réunir à son armée toutes les garnisons qu'il avait cantonnées dans les places de la Vistule, de choisir un autre champ de bataille que celui de Leipsick, où il n'avait sur ses derrières que des canaux, des rivières sans ponts et des plaines marécageuses. Il se refusa, contre toutes les apparences, à soupçonner la fidélité de l'Autriche qui le trahissait, et ce fut une grande témérité de vouloir écraser d'un seul coup quatre armées réunies. Il crut trop à sa fortune et à la puissance de son génie. Tout son courage, sa prodigieuse activité, son habile stratégie, le dévouement de ses généraux et de ses soldats, devaient être désormais stériles et sans fruits : il y a des fautes que rien ne peut réparer.

Disons-le cependant, Napoléon ne fut peut-être jamais plus grand que quand la fortune l'accabla de plus de revers. Le malheur ne l'abattit pas un moment, et sa chute même fut glorieuse. Onze cent mille hommes, franchissant les frontières de l'empire, marchaient sur la capitale, et il n'avait à opposer à cette terrible invasion que quelques recrues et les débris des armées d'Allemagne et d'Espagne, décimées par la guerre et la fatigue. Il avait vu la France accueillir avec froideur l'appel fait à son dévouement, les corps publics eux-mêmes balbutier pour la première fois les noms de liberté, de paix, et sous la spécieuse apparence de la nationalité préluder à une lâche apostasie ; quelques-uns de ses généraux, ceux-là mêmes qu'il avait le plus distingués dans ses faveurs, paraissaient hésiter, et soupiraient après un repos qu'ils croyaient avoir acheté au prix de longs et sanglants combats. Les partis politiques, que sa main puissante avait contenus dans la crainte et le silence, relevaient la tête et ne cachaient plus qu'à demi leurs espérances et leurs vœux. La Franche-Comté et l'Alsace étaient envahies ; la Belgique menacée, la chaîne des Vosges forcée, la Lorraine ouverte à l'ennemi, qui campait à la fois sur la Saône, sur la Moselle, sur la Meuse et sur la Marne. La Hollande avait proclamé son indépendance ; Murat, traître à son pays, à son parent, à son bienfaiteur, s'était déclaré contre la France, et, à ce prix, l'Autriche et la Prusse lui avaient garanti le trône que son beau-frère lui avait donné.

Dans cette extrémité, la grande âme de Napoléon ne fut pas abattue, et il fit face à l'orage qui de tous côtés fondait sur lui. Au milieu des larmes de ses serviteurs dévoués, il confia à la fidélité de la garde nationale de Paris ce qu'il avait de plus cher au monde, sa capitale, son jeune fils et l'impératrice, qu'il déclara régente, et jura de ne revenir qu'après avoir repoussé l'ennemi au delà des frontières et sauvé l'honneur et l'intégrité de la France. Deux jours après, le 27 janvier, il chassait les Russes de Saint-Dizier ; le lendemain, après une marche pénible dans la neige et la boue, il attaquait l'armée de Blucher, soutenue par deux armées russes, et, après un combat meurtrier, l'obligeait à évacuer cette petite ville de Brienne, où il avait passé les douces et belles années de son enfance, et dont il conservait encore de si délicieux souvenirs. Vaincu à la Rothière, ou plutôt cédant devant le nombre, après une lutte opiniâtre de onze heures, il ne tarde pas à prendre sa revanche : à Champaubert, à Montmirail, à Vauchamp, il voit fuir devant ses aigles victorieuses les armées de Saken et de Blucher ; puis, les laissant respirer, il vole là où le péril lui paraît plus imminent. A Nangis, à Normans, à

ARCIS-SUR-AUBE.

Montereau, à Méry-sur-Seine, il triomphe encore, et sauve un moment la capitale, que menacent et pressent déjà les armées coalisées.

Jamais peut-être Napoléon n'avait déployé plus d'activité et plus d'audace ; il avait retrouvé tout le feu de sa première jeunesse. Infatigable, il se portait avec rapidité partout où sa présence pouvait relever le courage des siens et arrêter les progrès de l'ennemi. Il semblait mépriser la mort et se jouer froidement avec le danger. Devant Arcis, un obus tombe à l'angle du carré que formait la vieille garde; un mouvement de frayeur se manifeste dans les rangs. Napoléon pousse son cheval droit au projectile et lui fait flairer la mèche allumée, puis se tournant tranquillement vers ses soldats, il leur demande : « Comment de vieux guerriers peuvent s'émou- » voir pour si peu de chose ! » Dans ce moment l'obus éclatait, et, chose étonnante, personne n'était atteint. En toute autre circonstance, ce trait pourrait peut-être passer pour de la témérité. Dans la position où se trouvait alors l'empereur, c'était héroïsme. Des soldats conduits par un tel chef ne devaient reculer devant aucun péril.

Mais les armées ennemies étaient aux portes de Paris. Les différents corps qui en défendaient la route avaient été écrasés par le nombre; Marie-Louise et le roi de Rome avaient abandonné la capitale pour se réfugier à Blois. Quelques débris de vieilles troupes, commandés par les maréchaux Mortier et Marmont, quelques légions de la garde nationale sous les ordres du brave Moncey, des invalides et des élèves de l'école Polytechnique pour servir les soixante-quinze pièces d'artillerie qui restaient, voilà tout ce que nous avions à opposer à une armée victorieuse de deux cent mille hommes, pour protéger et couvrir une immense cité ouverte de toutes parts; la défense de Paris avait été confiée au faible Joseph, qui, après quelques paroles de fanfaronnade, s'enfuit lâchement, comme il l'avait fait de Madrid. Cinquante mille gardes nationaux, trente mille ouvriers, demandaient en vain des armes que la trahison leur refusait, et l'ennemi avançait toujours, malgré un feu meurtrier, repoussant les faibles troupes qui lui disputaient bravement le terrain pied à pied. Déjà les bombes tombaient dans les faubourgs : si l'incendie s'allumait, où s'en arrêteraient les prog..s? Peut-être, dans quelques heures, la ville aux grands et nobles monuments ne serait plus qu'un amas de cendres fumantes!!... Marmont crut qu'il ne fallait pas tenter les terribles chances d'une résistance désespérée, et assumer sur sa tête cette étrange responsabilité. Il capitula, et le lendemain, 31 mars, l'empereur Alexandre et le roi de Prusse traversaient, à la tête de leurs soldats, les rues silencieuses de la capitale. L'humiliation de la France était consommée !!!

A la première nouvelle du danger qui menaçait Paris, Napoléon était accouru avec son armée du fond de la Champagne. Quelques heures de plus, et il atteignait l'arrière-garde de l'ennemi, et peut-être, par une attaque brusque et hardie, tombant comme la foudre sur les alliés, jetés ainsi entre deux feux, il sauvait Paris, la France, sa couronne et sa gloire ! Quand il apprit, à quelques lieues de la capitale, qu'il était trop tard, il eut besoin de toute sa grandeur d'âme pour ne pas succomber sous le coup affreux qui le frappait. Il se replia sur Fontainebleau, méditant en lui-même s'il ne se porterait pas sur la Loire, pour y rallier des troupes encore

fidèles et combiner ses mouvements avec ceux d'Augereau, dont il ignorait encore la trahison, et du maréchal Soult, qui s'était couvert d'une gloire immortelle dans sa belle retraite à travers le midi de la France. Trois jours entiers, il hésita, découragé par les défections qui se déclaraient de toutes parts. Un moment, et ce fut le dernier, il nomma l'Italie : « Veut-on m'y sui-
» vre? s'écrie-t-il, les yeux étincelants d'ardeur,
» marchons vers les Alpes. » Mais il comprit, au morne silence et à la contenance froide et glacée de ceux qui l'entouraient, que tout espoir était perdu, que l'heure fatale était venue pour lui ; alors il prit une plume et écrivit les lignes suivantes : « Les puissances alliées ayant pro-
» clamé que l'empereur était le seul obstacle au
» rétablissement de la paix en Europe, l'empe-
» reur, fidèle à son serment, déclare qu'il re-
» nonce pour lui et ses enfants aux trônes de
» France et d'Italie, et qu'il n'est aucun sacri-
» fice, même celui de la vie, qu'il ne soit prêt à
» faire aux intérêts de la France.

« NAPOLÉON. »

Quelques jours après, le 13 avril, il signe le

traité qui réglait son sort et celui de sa famille ; on le séparait pour toujours de sa femme et de son fils, et on lui donnait la souveraineté de l'île d'Elbe, avec permission d'emmener avec lui quatre cents hommes de bonne volonté.

Il paraît certain, et c'est là une tache pour sa grande renommée, que, dans la nuit qui suivit son abdication, il essaya de s'empoisonner. La dose n'ayant pas été bien calculée sans doute, il en fut quitte pour une violente crise qui, grâce aux remèdes promptement appliqués, ne fut pas longue. Chrétien, il ne pouvait pas sans crime laisser la vie par un suicide ; malheureux, il devait honorer son malheur et lui opposer une inébranlable résignation..... Mais hâtons-nous d'arriver au drame le plus solennel de cette vie, où tout semble sortir des limites ordinaires et grandir jusqu'au merveilleux. Nous voulons parler de cette scène touchante des adieux de Fontainebleau, qui, un jour, nous l'espérons, fournira à la poésie un riche et magnifique épisode.

C'était le 20 avril ; la garde impériale était rangée dans la cour du palais. Ces vieux soldats dont beaucoup avaient assisté à toutes les ba-

tailles de la révolution et de l'empire, fiers du signe d'honneur qui brillait sur leurs poitrines, et plus encore de leurs glorieuses cicatrices, se tenaient immobiles, l'œil morne, le front abattu, comme sous le coup pénible de quelque grande humiliation. Napoléon descendit lentement les degrés du perron ; il y avait dans son regard et dans sa démarche une empreinte d'une grande tristesse, mêlée de je ne sais quoi de majestueux qui le rendait plus imposant encore. Quand il parut, des acclamations bientôt étouffées par les plaintes et les sanglots s'échappèrent de toutes les bouches. Ils pleuraient, ces braves et intrépides guerriers, qui avaient vu froidement les horreurs de la mort sur les champs de bataille ; et devant le héros qu'ils avaient idolâtré, on eût dit des enfants recevant les derniers soupirs d'un père tendrement aimé. « Soldats de ma vieille garde,
» leur dit l'empereur d'une voix émue, je vous
» fais mes adieux. Depuis vingt ans que nous
» sommes ensemble, je suis content de vous ;
» je vous ai constamment trouvés sur le chemin
» de la gloire. Toutes les puissances de l'Eu-
» rope se sont armées contre moi ; quelques-

» uns de mes généraux ont trahi leur devoir,
» et la France elle-même a voulu d'autres des-
» tinées. Avec vous et les braves qui me sont
» restés fidèles, j'aurais pu entretenir la guerre
» civile, mais la France eût été malheureuse.
» J'ai donc sacrifié tous mes intérêts à ceux de
» la nation ; je pars. Vous, mes amis, continuez
» à servir le nouveau prince de la France : son
» bonheur était mon unique pensée; il sera
» toujours l'objet de mes vœux. Ne plaignez pas
» mon sort... j'écrirai les grandes choses que
» nous avons faites ensemble. Soldats, je ne
» puis vous embrasser tous, mais j'embrasse
» votre chef. Venez, général Petit, que je vous
» presse sur mon cœur. Qu'on m'apporte l'ai-
» gle, que je l'embrasse aussi. Ah ! chère aigle,
» puisse le baiser que je te donne retentir
» dans la postérité ! » Les sanglots, un moment
suspendus, éclatent plus déchirants, les officiers baignent de pleurs ses mains et ses vêtements qu'ils baisent avec transport ; Napoléon
a besoin de se dérober à ces douloureuses
manifestations qui brisent son cœur et épuisent
ses forces, et il donne le signal du départ.

Les généraux Bertrand, Drouot et Cambronne, accompagnaient l'empereur, qui était en outre escorté par des commissaires anglais et prussiens. Jusqu'à Lyon et au delà, sa marche eut l'air d'un triomphe, et, dans son malheur, ce dut être pour lui une douce consolation de rencontrer des serviteurs et des amis dévoués qui plaignaient sincèrement sa nouvelle destinée. Mais, dans la Drôme, dans la Provence, les manifestations devinrent tout autres. Sa grande infortune ne fut pas respectée. Augereau eut la grossièreté de tutoyer son ancien maître, et de garder la tête couverte en sa présence. Les paysans firent entendre contre lui des menaces de mort; plusieurs fois il faillit être lâchement assassiné, et à Orgon il fut obligé de se cacher sous l'habit d'un de ses piqueurs. Il put enfin s'embarquer à bord d'une frégate anglaise, et aborda le 5 mai à l'île d'Elbe, où il ne trouva que quelques milliers de pauvres gens, occupés de la pêche ou de l'exploitation du minerai. Quelle souveraineté pour un homme qui avait vaincu l'Europe, qui avait régné sur le plus puissant empire du monde, et qui longtemps avait donné, comme en se jouant, des trônes et des couronnes à ses lieutenants et à ses favoris !!!

CHAPITRE IX.

Le 20 mars. — Waterloo. — L'île Sainte-Hélène.

Pendant que la France revoyait avec ivresse ses anciens rois, et saluait avec un vif enthousiasme la paix qui se levait enfin pour elle, après de longs jours de souffrance et de deuil, Napoléon donnait des lois à l'île d'Elbe, organisait l'instruction, faisait ouvrir des routes, élevait un palais et des casernes, et s'occupait des moyens de faire fleurir le commerce et l'agriculture. Mais, pour son vaste et ambitieux génie, les limites de sa royauté étaient bien trop étroites. Ses regards se tournaient sans cesse vers la France ; il savait que la restauration n'avait pas rapproché, réconcilié tous les esprits : que les vieilles haines contre la noblesse étaient loin d'être éteintes ; que l'armée regrettait les jours de sa gloire, et qu'elle serait heureuse de pouvoir venger l'humiliation de ses derniers revers; il crut que la Providence l'appelait à relever de nouveau la France, à lui rendre sa suprématie sur l'Europe, et le 25 février, dix mois après son arrivée à l'île d'Elbe, il s'embarqua sur le brick *l'Inconstant*, avec neuf cents hommes de sa vieille garde, et cingla vers les côtes de la Provence, suivi de quelques légers navires. Le soir, on eut en vue deux frégates ; un bâtiment de guerre français ayant reconnu le pavillon elbois, se contenta de demander des nouvelles de l'empereur, et ce fut lui-même qui répondit qu'il se portait à merveille. Le 28, la petite flottille passa dans les eaux d'un vaisseau de ligne qui continua tranquillement sa route, sans paraître même s'en inquiéter. Le 1er mars, à cinq heures, on jeta l'ancre sur la plage de Cannes, et on bivouaqua, la nuit, dans un plan d'oliviers. Vingt-cinq hommes et un capitaine furent détachés sur Antibes, où ils entrèrent aux cris de *Vive l'empereur!* mais ils y furent retenus prisonniers, et les portes de la ville furent fermées derrière eux.

Jamais entreprise ne fut plus téméraire, plus aventureuse, et pourtant Napoléon ne douta pas un instant du succès. Comme s'il eût été à la tête d'une armée considérable, il s'avança tranquillement jusque sous les murs de Grenoble, précédé de deux proclamations, qu'il avait rédigées sur mer, l'une aux soldats à qui il rappelait leurs anciennes victoires, l'autre au peuple, dont, disait-il, il avait entendu du fond de son exil les plaintes et les vœux. Cependant, un bataillon détaché de la garnison de Grenoble se présenta pour lui barrer le chemin; Cambronne s'approcha pour parlementer, mais on ne voulut pas l'entendre. Le moment était décisif. La moindre résistance pouvait perdre l'empereur et ruiner ses projets; il le comprit, et, découvrant sa poitrine, il s'écria d'une voix forte : « S'il en est un de vous qui veuille tuer son » empereur, il le peut, me voici. » Ces paroles simples et nobles, la vue du héros qu'ils avaient tant aimé, quand ils combattaient sous lui, changea en un moment les dispositions du bataillon. Les soldats, émus jusqu'aux larmes, lui répondirent par le cri de *Vive Napoléon!* et se joignirent à sa petite troupe. Bientôt après, le jeune Labédoyère, à la tête du 7ᵉ de ligne, vint offrir à l'empereur son dévouement et son épée, et quand, à la lueur des flambeaux, les compagnons de Napoléon se présentèrent l'arme renversée, et aux cris de *Vive la France!* aux portes de Grenoble, défendues par quatre vieux régiments, et parmi eux le 4ᵉ d'artillerie, dans les rangs duquel l'empereur avait servi comme capitaine vingt-cinq ans auparavant, la garnison et le peuple firent entendre les cris mille fois répétés de *Vive Napoléon! vive la garde!* les portes s'ouvrirent, et soudain l'empereur, emporté par mille mains, fut promené en triomphe ; on eût cru voir un de nos anciens rois francks, intronisé sur le pavois.

Ce fut en vain que Louis XVIII fit un appel à la fidélité de son peuple, et déclara Napoléon *hors la loi.* L'empereur marchait sur Paris au milieu des acclamations et ralliant sous ses aigles toutes les légions qu'il rencontrait sur sa route. Le comte d'Artois et le duc d'Orléans, accourus à Lyon pour lui en disputer l'entrée, ne purent déterminer la garnison à le combattre : trahis et abandonnés, sans escorte, ils se hâtèrent de mettre leur vie en sûreté. Le maréchal Ney, à qui le roi avait confié le commandement de l'armée destinée à arrêter la marche de l'empereur, et qui avait promis de le lui amener *prisonnier dans une cage de fer*, oublia vite ses serments, et vint embrasser son ancien maître, plus dévoué que jamais à sa fortune et à sa gloire, et le 20 mars, quelques heures seulement après que l'infortuné frère du roi martyr avait repris la route de l'exil, l'empereur, enlevé de son cheval, porté de bras en bras, rentrait au palais des Tuileries. Il avait reconquis sa couronne sans répandre une seule goutte de sang. Tout était extraordinaire, étrange dans la vie de cet homme, unique peut-être dans les annales de l'histoire.

Mais ce triomphe devait être de courte durée; l'Europe entière s'émut quand elle apprit que Napoléon, qu'elle croyait toujours à l'île d'Elbe, était remonté sur le trône; et convaincue qu'avec ce guerrier ambitieux, qui avait remué le monde tout entier, *il ne pouvait y avoir ni paix ni trêve*, elle se prépara à une nouvelle lutte. De toutes parts, des armées nombreuses se mettaient en marche pour fondre sur la France et franchir une seconde fois ses frontières. Cependant le midi s'agitait, encouragé par la présence du duc d'Angoulême, qui, à la tête d'une armée de douze mille volontaires, menaçait Lyon et Grenoble. Digne fille de Marie-Thérèse, sa noble épouse, par ses paroles et son courage, soutenait la fidélité des Bordelais, au milieu desquels elle s'était retirée. La Vendée se levait à la voix des gentilshommes; le Poitou, l'Anjou, la Bretagne, s'insurgeaient en masses. Napoléon ne pouvait se dissimuler la gravité des circonstances, et il mesurait avec inquiétude la puissance des obstacles qu'il aurait à vaincre pour s'affermir sur un trône qui allait avoir à porter le choc de tant de forces réunies pour l'abattre.

La situation des esprits, en France, n'était pas non plus de nature à le rassurer sur l'avenir. L'armée, il est vrai, lui était toujours dévouée jusqu'à l'enthousiasme, mais le peuple, qui vit d'industrie, aspirait à la paix et ne paraissait pas disposé à sacrifier plus longtemps son repos et sa vie pour la fortune d'un homme dont les pensées guerrières étaient trop connues. La noblesse, qui avait revu ses rois après un long exil, appelait de tous ses vœux une seconde restauration. Les hommes de la révolution, qui s'étaient constitués en corps fédérés, et qui, la pique à la main, proféraient des cris de mort contre les nobles et les prêtres, l'effrayaient autant qu'ils lui inspiraient de dégoût. Profondément monarchique par caractère autant que par principe, il ne pouvait, il ne voulait pas s'appuyer sur les républicains qu'il avait toujours méprisés, et telle était à cet égard son aversion pour ces hommes d'orgies sanglantes, qu'il aimait mieux s'ensevelir glorieusement sous les ruines de son empire que de leur en devoir la conservation en fraternisant avec eux et en flattant leurs hideuses théories.

Dans cette extrémité, il se ressouvint des grandes assemblées que convoquaient jadis nos rois des premières races, et, le 1er juin, il réunit au Champ-de-Mars les représentants de l'armée et des provinces, les deux chambres, la magistrature et tous les princes qui, pour lors, se trouvaient à Paris. Quatre ou cinq cent mille spectateurs étaient rangés silencieux en amphithéâtre. Un autel avait été dressé pour nos saints mystères, et quand l'artillerie annonça le moment solennel de la consécration, les soldats et le peuple fléchirent le genou : l'empereur paraissait abîmé dans un profond recueillement. Après la messe, Napoléon élevant la voix, répondit à l'orateur qui avait proclamé l'acceptation par le peuple de la nouvelle constitution qu'il avait cru devoir donner pour satisfaire aux exigences de l'opinion :

« Empereur, consul, soldat, je tiens tout du
» peuple; dans la prospérité, dans l'adversité,
» sur le champ de bataille, au conseil, sur le
» trône, dans l'exil, la France a été l'objet unique de mes pensées et de mes actions... Français, vous allez retourner dans vos départements ; dites aux citoyens que les circonstances sont graves; qu'avec de l'union, de l'énergie, de la persévérance, nous sortirons victorieux de cette lutte d'un grand peuple contre ses oppresseurs; que les générations à venir scruteront sévèrement notre conduite; qu'une nation a tout perdu, quand elle a perdu l'indépendance... Ma volonté est celle du peuple, mes droits sont les siens; mon honneur, ma gloire, mon bonheur, ne peuvent être que

» l'honneur, la gloire et le bonheur de la
» France. »

Nobles et généreuses paroles!... Elles ne furent pas comprises. Quelques froides promesses qu'on voulait vite oublier, quelques protestations hypocrites arrachées à la peur, et qu'on se proposait bien de démentir au plus tôt, voilà tout ce que l'empereur recueillit de cette grande et solennelle convocation sur laquelle il avait compté pour électriser la France et la faire lever, comme un seul homme, pour courir à ses frontières menacées par une seconde invasion. Tout était changé dans ce pays de dévouement chevaleresque, et, comme ces Grecs dégénérés du bas-empire, qui perdaient le temps à discuter des questions abstraites, tandis que le bélier brisait les portes de leur capitale, la nation s'agitait dans de vaines disputes, pérorait sur la liberté de la presse, sur les droits de l'homme et du citoyen, sur les lacunes que présentait la nouvelle constitution, sur les changements qu'il convenait d'y faire, et déjà l'ennemi était aux portes de la France; deux cent trente mille Anglais et Prussiens allaient déborder du Brabant.

L'empereur n'avait à leur opposer que cent

trente mille hommes, et il n'hésita pas à les prévenir. Il fallait, comme il le disait lui-même à ses soldats dans sa proclamation du 12 juin, il fallait vaincre ou périr. Par une manœuvre hardie et qui lui avait réussi plus d'une fois dans le cours de ses brillantes campagnes, il voulut percer la ligne des ennemis à Charleroi, et séparer ainsi les deux armées coalisées. Mais, avertis à temps (quelques-uns disent par des officiers français), Wellington et Blucher se hâtèrent de concentrer leurs forces. Le 15, notre armée traverse la Sambre sur trois ponts et culbute les Prussiens jusqu'au delà de Charleroi. Le 16, dans la plaine de Fleurus, Blucher fut forcé de fuir encore, et sans la faute que commit le maréchal Ney et qui lui permit de rallier ses troupes, ce jour-là le feld-maréchal prussien perdait son armée entière. Le lendemain, attaqué de nouveau à Ligny, il abandonna le champ de bataille jonché de ses morts : le général Grouchy eut ordre de le poursuivre; et Napoléon marcha contre Wellington, qui, après avoir maltraité le corps du maréchal Ney, s'était arrêté au village de Waterloo.

Le 18 juin, au lever du soleil, les deux ar-

mées étaient en présence, sur un vaste terrain
détrempé par la pluie, où les hommes et les chevaux ne pouvaient avancer qu'avec beaucoup de
peine. Vers midi, le combat était engagé sur
toute la ligne avec une ardeur dont les annales
de l'histoire offrent peu d'exemples. Chaque position est vivement disputée, plusieurs fois
prise et reprise. Malgré sa résistance désespérée,
l'infanterie anglaise, écrasée par notre artillerie,
nous abandonne en frémissant le plateau du
mont Saint-Jean, qu'elle ne peut plus défendre,
et déjà nos soldats poussent le cri de victoire.
Mais trente mille Prussiens arrivent au pas de
charge au secours de leurs alliés, les ramènent
au combat, et les Français sont à leur tour reje-
tés des hauteurs dont ils venaient de s'emparer.
N'écoutant que son courage, Ney charge avec
furie l'armée anglaise et lui fait perdre du terrain; mais, renversé par la cavalerie que Wellington a lancée contre lui, il s'aperçoit trop tard
de sa témérité. Kellermann, à la tête de ses cuirassiers, reçoit ordre de le dégager, et, pendant
qu'il accomplit avec intrépidité sa mission, les
grenadiers à cheval et les dragons de la garde
volent spontanément sur ses pas et se ruent

en aveugles sur les Anglais qui se forment en carrés, écrasant nos escadrons sous un feu meurtrier, sans pouvoir abattre leur courage qui grandit avec le danger. Vingt fois les carrés ennemis sont rompus, et vingt fois ils se reforment. Wellington pleure en voyant ses braves soldats tomber avec un courage calme et tranquille ; il admire leur héroïsme et plaint l'inutilité de leurs efforts, car déjà douze mille des siens sont tués, et l'impétuosité des Français ne se ralentit pas : la nuit ou l'arrivée de l'armée prussienne de Blucher peut seule le sauver d'une déroute complète.

Tout à coup on entend dans le lointain une vive fusillade. *Victoire, s'écrient nos soldats, voilà Grouchy avec sa réserve ; encore un effort et la bataille est à nous.* Mais ce malheureux général avait mal exécuté les ordres de l'empereur; Blucher, profitant de sa fatale lenteur, lui avait échappé, et c'était lui qui, avec toute son armée, tombait sur nous. En vain Napoléon commande un changement de front; nos soldats, épuisés par une longue lutte, ne résistent plus que faiblement. Des bruits de trahison circulent de rang en rang, des régiments entiers se débandent, d'autres font entendre le cri de *sauve qui peut*, et la nuit ajoute encore au désordre et à l'épouvante. Les Anglais et les Prussiens font un horrible carnage et s'avancent sur des monceaux de cadavres. Nos soldats, démoralisés, dispersés, se laissaient tuer presque sans se défendre. Seuls, quelques débris de la vieille garde, immobiles autour de leurs chefs, attendaient bravement la mort; sommés de mettre bas les armes, ils moururent tous en vendant chèrement leur vie. Ceux que l'ennemi avait épargnés par pitié ou par admiration, ne voulant pas survivre, se fusillèrent entre eux (1).

On a fait un crime à Napoléon de n'être pas mort à Waterloo. Ce reproche ne me paraît pas fondé; un grand homme ne désespère jamais, il se montre supérieur à la mauvaise fortune et domine les événements par son courage et sa résignation. Certes, l'empereur, dans cette journée malheureuse, ne faillit pas à sa gloire. Il ne voulut pas se rendre pour sauver sa vie, et, sans chercher la mort en furieux, il ne la craignit pas non plus. L'épée à la main et suivi à peine

(1) Voir la note 11, page 280.

de quelques escadrons, il s'ouvrit comme par miracle un passage à travers les masses ennemies; et, quand il voulut s'arrêter et combattre encore, il fut emporté malgré lui par les siens. Et d'ailleurs le désastre de Waterloo, quelque grand qu'il fût, n'était pourtant pas irréparable; en d'autres temps, l'empereur, ralliant à lui les garnisons et les troupes dont il pouvait encore disposer, eût pu reprendre l'offensive, rejeter loin de nos frontières les armées anglaises et prussiennes. Il le voulait même, mais ses généraux s'y opposèrent; ils pensaient qu'il était plus prudent d'en appeler au patriotisme des chambres, et l'empereur dut céder, quoiqu'il prévît tous les inconvénients du parti qu'on le forçait à prendre.

Les chambres, en effet, se montrèrent froides et même hostiles. Plus occupées d'elles-mêmes que du salut de la nation, elles parurent peu s'inquiéter de la marche victorieuse des armées coalisées, et crurent que la France était sauvée, en déclarant que *quiconque oserait dissoudre l'assemblée législative serait traître à la patrie.* Quoique préparé à cette étrange et honteuse défection, Napoléon en conçut un vif chagrin, et se renferma à l'Élysée-Bourbon avec quelques amis.

Un parti lui restait encore : il pouvait appeler à
lui les hommes de 93, soulever les faubourgs,
qui n'attendaient qu'un signal ; par un nouveau
18 brumaire, se débarrasser de ces égoïstes
idéologues qui n'avaient de français que le
nom, et, à la tête d'une nouvelle armée composée d'hommes résolus, tenter la fortune des
combats. Mais, trop grand, trop jaloux de sa
gloire et de sa renommée, il ne voulut pas régner par les clubs, et devoir sa couronne à des
hommes souillés par le crime et le sang. Il comprit que sa mission était terminée, et, se ré-
signant noblement, il abdiqua le 22 juin en faveur de son fils, et se retira à la Malmaison,
pour y attendre les événements.

En descendant du trône qu'il avait si glorieusement occupé, Napoléon ne cessa pas d'aimer la
France, et il en donna une nouvelle preuve en
offrant son épée comme simple général pour
repousser les armées étrangères. On ne lui répondit que par un refus formel. Alors accompagné de quelques serviteurs, il prit la route de
Rochefort, ne voulant pas être témoin de l'entrée triomphale des ennemis à Paris. Son des-
sein était de passer aux États-Unis ; mais les in-

trigues secrètes du gouvernement provisoire, les retards affectés qu'on mit à signer ses passe-ports, donnèrent tout le temps aux croisières anglaises d'arriver en vue de Rochefort; et il était encore à l'île d'Aix, que déjà Louis XVIII était rentré aux Tuileries.

Le passage aux États-Unis devenait impossible; il fallait donc se livrer ou à la Russie ou à l'Autriche, ou enfin à l'Angleterre. Napoléon, après quelque hésitation, se détermina pour l'Angleterre, dont il espérait davantage. Il se rendit à bord du *Bellérophon*, et écrivit au prince régent une lettre ainsi conçue :

« Altesse royale,

« En butte aux factions qui divisent mon
» pays et à l'inimitié des plus grandes puis-
» sances de l'Europe, j'ai terminé ma carrière
» politique, et je viens, comme Thémistocle,
» m'asseoir au foyer du peuple britannique. Je
» me mets sous la protection de ses lois, que je
» réclame de Votre Altesse royale comme du
» plus puissant, du plus constant et du plus gé-
» néreux de mes ennemis. » Mais cette noble

confiance fut trompée ; deux commissaires anglais vinrent lui signifier qu'il était prisonnier de guerre, et qu'il allait être conduit à Sainte-Hélène.

L'histoire a flétri, et la postérité la plus reculée flétrira d'âge en âge cette lâche et indigne félonie ; jamais l'Angleterre n'effacera cette tache imprimée à son nom. Avec Napoléon, tous les siècles protesteront *contre la violence qui fut faite au grand homme malheureux; ils diront avec lui que l'Angleterre a forfait à l'honneur et flétri son pavillon ; qu'il ne lui est plus permis de parler de loyauté, de liberté, de foi britannique; qu'un ennemi qui fit vingt ans la guerre au peuple anglais vint librement, dans son infortune, chercher un asile sous ses lois, et qu'à cet acte de magnanimité il ne répondit qu'en feignant de tendre une main hospitalière à cet ennemi, pour l'immoler quand il se fût livré de bonne foi.*

Tant de malheurs dans l'espace de quelques mois, de grands revers qui pouvaient compromettre sa gloire militaire, la perte du premier trône du monde, l'abandon de ceux-là mêmes qu'il avait comblés de plus de bienfaits, la pensée qu'il languirait captif sur un rocher désert, à plus de deux mille lieues de cette France qu'il avait tant aimée, loin du jeune enfant pour qui il avait rêvé de si brillantes destinées ; tant de malheurs n'abattirent pas le courage de Napoléon ; et, pendant toute la traversée, qui dura trois mois, son calme et sa fermeté ne se démentirent pas un moment. Le 17 octobre, il descendit dans l'île où l'attendaient de longues souffrances et une mort silencieuse et sans éclat!!!

L'île de Sainte-Hélène est devenue trop célèbre pour que nous nous arrêtions à en faire ici la description. Tout le monde a voulu connaître cette petite pointe de terre stérile et nue qui se lève au milieu de l'Atlantique, battue pendant neuf mois de l'année par la pluie et les orages, et pendant trois autres mois brûlée, calcinée par le soleil du tropique. Tout le monde sait ce qu'était cette habitation de Longwood, située dans la partie la plus malsaine de l'île, à deux mille pieds au-dessus du niveau de la mer, exposée à la fureur des vents ou enveloppée de brouillards épais ; cette habitation dont l'empereur lui-même disait : « Transformer l'air en

» instrument de meurtre est une idée qui ne
» pouvait germer que sur les bords de la Ta-
» mise. » Quel est le Français, quel est même
l'étranger qui n'ait frémi au récit des tortures
de tout genre qu'il eut à subir pendant près de
six ans de la part du gouverneur anglais, sir
Hudson-Lowe? Cet indigne geôlier semblait se
plaire à humilier son noble captif et à outrager
sa grande infortune. Ce n'était que de loin en
loin qu'il lui accordait des journaux et des
livres. Jamais aucune communication avec les
habitants de l'île ou les soldats de la garnison ;
jamais aucune correspondance libre avec les
siens, pas même la permission de recevoir, par
des voyageurs venus d'Europe, des nouvelles de
Marie-Louise et de son fils ; mais il s'empressait
de lui communiquer les messages qu'il savait de
nature à l'affliger, et de faire arriver jusqu'à lui
les brochures et les pamphlets où on prodiguait
à son nom les plus grossières et les plus plates
invectives.

Retiré au fond de ses appartements, qu'il ne
quittait guère, réduit à vendre sa vaisselle et son
argenterie pour subvenir aux besoins de ses
fidèles serviteurs, l'empereur ne laissait pour-

tant éclater aucune plainte, aucun murmure.
Toujours doux et affable, on ne le vit pas se livrer à ces terribles emportements, à ces colères impétueuses qui faisaient autrefois trembler ceux qui l'approchaient. Il conversait avec les siens, comme un père avec ses enfants ; il parlait de la France, objet continuel de ses plus chères pensées ; il rappelait les grands événements de sa vie, les batailles qu'il avait gagnées, les projets qu'il avait conçus pour le bonheur de son vaste empire, et qu'il eût accomplis, s'il eût régné plus longtemps ; il jugeait les hommes et les choses, et son regard pénétrant soulevait même le voile de l'avenir ; ou bien il lisait les vieux auteurs qu'il avait tant affectionnés dans sa jeunesse, et retrouvait un charme toujours nouveau dans Polybe et César ; souvent aussi il récitait les plus belles pages de Corneille et de Racine. Un jour, on le vit fermer tout à coup son livre, son visage était inondé de larmes. Il venait de lire ce vers d'*Andromaque* : *Je ne l'ai point encore embrassé d'aujourd'hui*. Père infortuné! il pensait au jeune enfant qu'il ne devait plus revoir!!!

Cependant sa santé s'altérait sensiblement ;

deux ans de souffrances avaient révélé les progrès du mal qui devait le conduire au tombeau, et, dès le commencement de 1821, il n'y eut plus aucun espoir. Napoléon pressentit sa fin prochaine, et vit arriver avec calme sa dernière heure. Ses pensées se tournèrent alors vers l'éternité ; il entrevit une autre gloire que celle que donne le génie de la guerre, une autre couronne que celle qui tombe tôt ou tard du front des rois, la gloire impérissable dont Dieu environne ses élus, la couronne immortelle qui ne se fane jamais, qui jamais aussi ne tombe du front qui l'a reçue. Le malheur, l'humiliation, la vue du néant de toutes les grandeurs humaines dont il était lui-même un si mémorable exemple, l'avaient préparé de longue main aux graves pensées de la foi, et du haut du ciel Dieu oublia les fautes du *persécuteur de l'Eglise*, pour se souvenir qu'il avait relevé le temple et l'autel, et rendu à la France ses prêtres et son culte.

Napoléon n'avait jamais été impie, et sa foi était demeurée pure et inébranlable au milieu des débordements dont avait été témoin sa première jeunesse. Il ne pouvait souffrir les incrédules; il témoignait hautement de son mépris pour les doctrines philosophiques et irréligieuses qui ont préparé nos malheurs; il reprenait avec sévérité ceux qui, en sa présence, osaient railler la religion, et leur imposait silence. Ses convictions étaient profondes; en vain, au moment où il prit les rênes du gouvernement, lui conseilla-t-on de proclamer le protestantisme, comme donnant plus de liberté et plus d'indépendance à l'esprit et au cœur. Malgré toute la résistance et tous les murmures de certains esprits, qu'il avait cependant intérêt à ménager, il se prononça énergiquement contre la réforme et rendit un solennel hommage à la vérité du catholicisme, la religion de son enfance, et qui fut celle de toute sa vie. Dans son exil et dans ses entretiens avec les généraux qui l'avaient suivi à Sainte-Hélène, il manifesta plus d'une fois les mêmes sentiments. Il revenait souvent, et avec bonheur, aux grandes questions qui intéressent le plus l'homme sur la terre, et il les discutait avec une hauteur de génie, une force de logique qu'on ne se fût pas attendu à trouver en lui.

Puis, il faut bien le dire, la grâce, sans laquelle nous ne pouvons rien dans l'ordre du salut, lui

fut donnée d'en haut, et il eut le bonheur de la recevoir avec fidélité et d'en suivre les pieux mouvements. Foulant aux pieds toutes les faiblesses du respect humain, lui-même fit appeler le saint prêtre que lui avait envoyé son oncle, le cardinal Fesch; trois fois l'homme de Dieu resta longtemps enfermé avec l'illustre mourant, qui déposa humblement dans son sein l'aveu de ses fautes, pour en obtenir le pardon de Dieu. L'accomplissement de ce devoir sacré procura à son âme les plus pures consolations. « Je suis heu-
» reux, disait-il à M. de Montholon, d'avoir rem-
» pli mes devoirs ; je vous souhaite, général, à vo-
» tre mort, le même bonheur. J'en avais besoin,
» voyez-vous, car je suis Italien et enfant de la
» Corse. Je n'ai pas pratiqué sur le trône, parce
» que la puissance étourdit les hommes ; mais j'ai
» toujours eu la foi ; le son des cloches me faisait
» plaisir, et la vue d'un prêtre m'émeut..... Je
» veux rendre gloire à Dieu, général; donnez
» des ordres pour qu'on dresse un autel dans la
» chambre voisine; on y exposera le saint-sacre-
» ment. Je doute qu'il plaise à Dieu de me ren-
» dre la santé, mais je veux l'implorer. Vous fe-
» rez dire les prières des quarante heures...

» Mais non, reprit-il ; pourquoi vous charger
» de cette responsabilité? on dirait que c'est
» vous, noble et gentilhomme, qui avez tout
» commandé de votre chef. Je veux donner les
» ordres moi-même. »

Les vomissements presque continuels ne permirent pas de lui administrer la sainte eucharistie ; il reçut l'extrême-onction avec toutes les marques d'une foi sincère.... Cependant le mal augmentait toujours ; il voulut, avant de rendre le dernier soupir, protester encore contre le procédé déloyal de l'Angleterre et contre les cruelles tortures dont on l'avait accablé pendant sa longue captivité. Le 5 mai, il entra en agonie, pendant qu'un ouragan furieux déracinait les arbres qui environnaient sa demeure. Ses traits annonçaient le calme de son âme ; un doux sourire errait sur ses lèvres. Vers cinq heures et demie du soir, il fit entendre quelques paroles entre-coupées : « Mon fils... France... France !... » Puis, au bout d'un moment, il croisa avec effort ses bras sur sa poitrine, murmura lentement ces mots : « Tête!... armée... » Et il expira.

Ses fidèles compagnons le déposèrent sur un lit de camp où il resta exposé le 6 et le 7 mai, et malgré l'opposition du gouverneur, toute la garnison vint défiler en grande tenue et sans armes devant le corps; chaque soldat mit un genou en terre en passant auprès du lit de parade; beaucoup même baisèrent le coin de son manteau de guerre, le même qu'il avait porté à Marengo. Le 8, il fut embaumé; puis, revêtu de l'uniforme des chasseurs à cheval de la garde impériale, il fut enfermé dans un quadruple cercueil. Le 9, après les cérémonies funèbres, auxquelles assista toute la population de l'île, au bruit de l'artillerie, le cercueil fut descendu dans le caveau qui avait été préparé dans la vallée de Géranium, où souvent, dans les premiers jours de son exil, l'empereur était venu chercher un peu d'ombre et de silence !!!

CHAPITRE X.

Portrait de Napoléon. — Son caractère et ses mœurs. — Ses cendres sont rapportées en France et déposées aux Invalides.

Ainsi mourut dans sa cinquante-deuxième année cet homme extraordinaire, cet Alexandre des temps modernes, qui remua le monde tout entier, et dont le grand nom fera tressaillir les siècles à venir. Napoléon, dit un de ses historiens, était de moyenne taille ; sa tête était grosse, son front large et élevé, ses yeux bleu-clair, ses cheveux châtain-noir ; il avait le nez bien fait, la forme de la bouche gracieuse et d'une extrême mobilité ; ses mains, un peu petites, étaient néanmoins remarquablement belles et blanches ; il avait le pied un peu grêle ; ses jambes étaient assez courtes et sa démarche quelquefois embarrassée ; il était moins bien à pied qu'à cheval. Sa voix était digne, quoique accentuée ; il chantait mal et écrivait d'une façon illisible.

Dans sa première jeunesse, son visage était brun et vif ; une maladie cutanée, qu'il fit au siége de Toulon, les rudes fatigues de la guerre en Italie et en Egypte, creusèrent ses joues et leur donnèrent une teinte livide que faisaient encore ressortir ses longs cheveux plats, pendant sur ses oreilles. Plus tard, il perdit de sa maigreur et prit même de l'embonpoint. Son teint alors s'éclaircit, et peu de figures offraient une expression plus remarquable. On ne se lassait pas de le regarder... Quand il était debout, il s'appuyait sur la hanche ; pendant le combat, il avait coutume de croiser les bras sur la poitrine, dans une sorte d'immobilité. Chaque jour, autant que possible, il prenait un bain ; on sait qu'il faisait une énorme consommation de tabac. Mis avec une grande simplicité, à la ville et à l'armée, il portait toujours sur son uniforme une redingote grise. Son petit chapeau est devenu historique ; mais dans les grandes occasions, il se revêtait des plus riches ornements. Son manteau impérial, ouvert sur les côtés comme celui de Charlemagne, était tout parsemé d'abeilles d'or, et sur la garde de son épée brillait *le Régent*, le plus précieux diamant de la couronne de France. Ses maréchaux et ses grands dignitaires, avec leurs brillantes décorations et leurs fourrures de pourpre et d'hermine, lui formaient un cortége imposant.

Napoléon s'était de bonne heure formé à une vie dure. Ses repas étaient courts ; il savait au besoin se passer de repos et supporter les fatigues d'une longue marche. Il dormait peu, se levait à l'occasion plusieurs fois dans la nuit pour dicter des dépêches ; il ne voulait pas qu'on attendît au lendemain pour lui communiquer les nouvelles fâcheuses, et, à quelque heure de la nuit qu'elles fussent transmises, il tenait à en avoir connaissance sans aucun retard. On connaissait à cet égard sa volonté, et on n'hésitait pas à l'éveiller. Familier avec ses soldats, surtout avec ceux de la vieille garde, qu'il appelait ses *grognards*, il ne s'offensait pas de la liberté avec laquelle ils lui parlaient quelquefois ; il les laissait même le tutoyer en certaines circonstances.

Souvent, il s'approchait de leurs bivouacs, causait avec eux, mangeait de leur pain et goûtait de leur soupe. Leur bien-être le préoccupait continuellement, et il ne négligeait rien pour adoucir leurs privations. Aussi l'armée l'aimait jusqu'à l'enthousiasme : un regard, une parole de l'empereur électrisait ces hommes exténués de fatigue et mourants de froid ou de faim. Dans la pénible retraite de Moscou, tant qu'ils le virent marcher au milieu d'eux, ils souffrirent sans laisser échapper une plainte. Sur les champs de bataille, quand il les parcourait après le combat, les mourants, à sa vue, semblaient reprendre quelque force : ils se soulevaient par un dernier effort, et, contents d'expirer sous ses yeux, ils le saluaient encore du cri de *Vive l'empereur !*

Indulgent jusqu'à la faiblesse sur les odieuses exactions que ses généraux et ses commettants exerçaient dans les pays alliés ou conquis, il surveillait avec soin et sévérité l'emploi des sommes destinées à son entretien personnel et à celui de sa maison, et malgré ses occupations, il révisait lui-même ses comptes, abrégeant toutefois le travail, et s'arrêtant sur le premier article venu. Malheur à qui eût voulu le tromper sur les prix des objets ; lui-même s'en assurait en se rendant, déguisé, dans plusieurs magasins : aussi ses intendants étaient-ils sur leurs gardes, et, malgré eux, l'ordre et l'économie régnaient au milieu des énormes dépenses que nécessitait la maison de l'empereur. Ce n'est pas toutefois que Napoléon fût l'esclave de cette passion sordide qui déshonore plus d'un prince. Jamais monarque ne put disposer de plus de millions, et il ne thésaurisa pas ; mais il savait ce que l'argent coûte de sueurs aux pauvres, et il eût regardé comme un crime de le laisser gaspiller au profit de quelque traitant sans conscience.

D'un tempérament vif et ardent, Napoléon se laissait facilement emporter à la colère ; ses accès étaient terribles : personne alors n'eût osé lui résister en face ou le contredire. Plus d'une fois il s'oublia jusqu'à lever la main ou à proférer des paroles indignes du rang qu'il occupait. Dans ces moments, il n'épargnait personne ; ses généraux, ses ministres, les magistrats, les grands dignitaires de l'empire eux-mêmes, n'étaient pas à l'abri de ses violences. L'exil et le malheur le corrigèrent de cette passion, dont les grands hommes surtout devraient bien se garder dans l'intérêt de leur gloire. L'histoire lui fera un reproche plus grave encore. Emporté par son ambition et par l'esprit de conquête, il ne ménagea pas le sang de ses soldats ; des millions d'hommes furent les tristes victimes de son orgueil démesuré, et il acheta à un prix trop élevé sa grande renommée et sa puissante domination sur l'Europe. Heureux s'il eût su se borner, et se contenter du trône qu'il avait conquis sur l'anarchie, pour ne s'occuper que du bonheur de cette France qui l'avait accueilli avec tant de joie et avec de si douces espérances ; il serait mort au milieu de son peuple, regretté des siens et honoré de l'estime des nations étrangères ! ! !

Et pourtant cet homme, avide de combats, et qui ne semblait à l'aise que sur les champs de bataille, n'était rien moins qu'insensible. Naturellement porté à la clémence et aux douces joies de l'amitié, son bonheur paraissait être de faire du bien et de pardonner. Plus d'une fois il fit grâce à ceux qui en voulaient à sa vie ; jamais il ne punissait qu'à regret et lorsqu'il était convaincu que la douceur était intempestive. Dans une des nuits qui suivirent le combat d'Arcole, il surprit une sentinelle endormie ; il prit son

fusil et fit lui-même le service. En se réveillant, le soldat se crut perdu : « Ne crains rien, lui dit
» Napoléon; après deux journées aussi pénibles,
» il est bien permis à un brave comme toi de se
» livrer au sommeil; mais, une autre fois, choi-
» sis mieux ton temps. »

Sur le champ de bataille de Wagram, il reconnut parmi les morts un colonel dont il avait eu à se plaindre : « Je suis fâché, s'écria-t-il, de
» n'avoir pu lui parler avant la bataille pour lui
» dire que j'avais tout oublié. » En 1811, la récolte avait été mauvaise; l'empereur ne négligea rien pour assurer la subsistance du peuple. Le ministre de l'intérieur lui ayant dit *que le pain ne manquerait pas, bien qu'il dût être cher:*
« Qu'est-ce à dire? répondit-il avec indignation,
» et qu'entendez-vous par ces paroles : *Le pain*
» *sera cher, mais il ne manquera pas ?* Eh! de
» qui croyez-vous, Monsieur, que nous nous
» occupions depuis deux mois? des riches?....
» Je sais que ceux qui ont de l'or trouveront
» toujours du pain, comme ils trouvent tout en
» ce monde... Ce que je veux, c'est que le peu-
» ple ait du pain, c'est qu'il en ait beaucoup et
» de bon, et à bon marché... C'est que l'ou-

» vrier, enfin, puisse nourrir sa famille avec le
» prix de sa journée. » Paroles vraiment royales
et dignes d'un bon prince. Il avait constitué sur
le fonds du trésor une pension de 60,000 francs
au prince de Conti, à la duchesse de Bourbon
et à la duchesse douairière d'Orléans, et assuré
une rente viagère à la nourrice du malheureux
Louis XVII et à celle de son auguste sœur, madame d'Angoulême.

Comme législateur, quoiqu'il ait imprimé à
toutes ses œuvres un cachet de despotisme, on
ne peut toutefois se dissimuler qu'il n'ait rendu
à la France d'immenses services. Cette organisation forte et puissante était nécessaire, à la suite
des bouleversements de l'anarchie qui avait détendu tous les liens de la société; il fallait une
main ferme et vigoureuse pour contenir les passions longtemps libres et déchaînées, pour les
ramener à l'obéissance et reconquérir au pouvoir souverain tous les droits que la révolution
avait brisés. Napoléon ne faillit pas à cette tâche;
il porta son attention sur toutes les branches du
service public. Finances, forêts, douanes, enregistrement, commerce, agriculture, industrie,
instruction publique, institutions utiles à l'hu-

manité et à la religion, il s'occupa de tout, il régla tout, aidé de son conseil d'État, qu'il ne manquait jamais de présider, toutes les fois que les soins de l'empire le lui permettaient. Centre de toute cette vaste administration, comme il en était la tête, il donnait l'impulsion et le mouvement, et la France entière était, pour ainsi dire, renfermée dans sa main.

Mais c'est surtout comme homme de guerre qu'il apparaît dans sa véritable grandeur. Il fut *le géant des batailles*. D'une intelligence forte et puissante, d'un génie vif et ardent, impétueux jusqu'à la témérité, quand il fallait l'être, ou pour étonner l'ennemi ou pour électriser ses armées, d'un regard aussi sûr que pénétrant, qui mesurait rapidement et le danger et les ressources, il possédait au suprême degré la science militaire, et on pourrait presque dire de lui qu'il était né général et conquérant. Le temps ne lui apprit rien, et, dès son début, il se montra le premier capitaine des temps modernes. Intrépide, ambitieux comme Alexandre, confiant comme lui dans l'instinct qui le pousse en avant, aussi prompt à s'éclairer aux soudaines illuminations de son génie, aussi brusque dans l'attaque, comme le héros macédonien, il tombe, il éclate, il renverse comme la foudre, sans s'inquiéter du petit nombre de ceux qui le suivent et de la profondeur des masses qui lui disputent le passage. Aussi rapide dans ses mouvements, quelques jours lui suffisent pour achever la conquête d'un vaste empire. Moins prudent, il faut le dire, que César, qui épargnait la vie du soldat, et qui ne s'aventura jamais dans des expéditions chimériques, il avait de lui ce mystère profond qui ne laissait pas soupçonner ses projets, et cette incroyable célérité à se porter presqu'en même temps sur tous points menacés; il eut, plus que ces deux héros, la tactique de diviser ses ennemis, et de les battre ainsi tour à tour en les attaquant sur différents points, un jour à droite et le lendemain à gauche, avant même qu'ils eussent pu avoir la pensée de réunir leurs forces et de combiner leur plan d'attaque ou de résistance.

L'histoire des siècles passés n'offre rien peut-être de plus beau que sa première campagne. Quelle profondeur de vues, quelles sages prévisions, quel ensemble admirable dans les opérations des différents corps, quelle unité, quelles marches savantes, quelle science du terrain où il doit attaquer et vaincre, quelle habileté à attirer l'ennemi au point juste où il y a plus de chance de triompher ! quel courage, quelle intrépidité, quel héroïsme dans l'action ! Général et soldat, il est également au-dessus de toutes louanges. Quel brillant fait d'armes que cette immortelle campagne d'Austerlitz, qui à elle seule suffirait à la gloire militaire de Napoléon ! Du camp de Boulogne, il a réglé, jour par jour, les marches et les victoires, prévu tous les incidents, jusqu'aux moins importants, et, quand il arrive sur les bords du Rhin, tout marche et s'accomplit comme il l'avait prévu, et les armées ennemies viennent se faire écraser dans la plaine même qu'il avait, à l'avance, désignée comme le théâtre du grand coup dont il voulait les frapper.

Peu de conquérants ont livré autant de batailles, remporté autant de victoires, soumis autant de nations et vu autant de rois enchaînés à leur char de triomphe. L'Italie, l'Egypte, la Syrie, la Prusse, l'Allemagne, la Pologne, l'Espagne, la Russie, l'ont vu tour à tour ; partout il a laissé des souvenirs de sa gloire et les traces de ses pieds; partout il a donné des lois et humilié l'orgueil national des peuples, et, chose étrange, et dont les âges passés n'offrent pas un seul exemple, les nations qu'il a vaincues et foulées aux pieds, les pays qu'il a ravagés, ensanglantés et couverts de ruines, n'ont qu'un cri d'admiration pour cet homme extraordinaire; on a oublié les revers, le malheur et l'humiliation, on ne se souvient que de sa gloire et de son grand nom. Partout où est prononcé ce nom magique, je ne sais quel brûlant enthousiasme il réveille : sous le chaume, dans les palais, sous la tente, en Europe, en Afrique, on parle de lui, on s'exalte au récit de ses hauts faits, on redit avec orgueil ses brillants exploits, on loue sa vie, on plaint, on pleure sa mort : ce n'est pas *l'homme de la France*, c'est l'homme du monde entier!!...

Tout entier, dans ses jeunes années, à l'étude des mathématiques, Napoléon avait peu pensé à la littérature. Plus tard, les guerres continuelles dans lesquelles il se trouva engagé, et l'administration du vaste empire sur lequel il régnait, lui permirent encore moins de s'en occuper. Cependant son goût était pur et sévère, et les œuvres du génie rencontraient en lui un juge éclairé. Ennemi de la littérature frivole et légère, autant que de cette philosophie creuse et impie que Voltaire avait mise à la mode, il affectionnait Homère, il admirait Corneille, dont il eût fait un prince, disait-il, s'il eût vécu de son temps. Il le préférait de beaucoup à Racine sous le rapport de la noblesse et de l'élévation du sentiment. Les poésies d'Ossian, qu'il avait lues dans sa jeunesse, lui paraissaient une des plus admirables conceptions de l'esprit humain, peut-être parce que, dans le barde du Nord, il y a quelque chose de hardi, de gigantesque, qui allait bien à cette âme ardente et passionnée pour les aventures extraordinaires. Il aimait les représentations théâtrales presque autant que la chasse ; mais, au théâtre, il lui fallait encore l'image de la guerre, de grands et nobles caractères ou des passions tragiques et fortement exprimées : il voulait que tout fût, pour ainsi dire, à sa taille.

Par indifférence ou par tout autre motif, Napoléon ne protégea guère la poésie et les lettres, et ne parut nullement jaloux de l'éclat qu'elles auraient pu répandre sur son règne. La gloire des armes le préoccupait tout entier. Toutefois, au sein des passions politiques qui agitaient la France, au milieu du tumulte des combats qui ensanglantèrent l'Europe, la poésie et les lettres, toujours fidèles à leur auguste mission, ne furent pas un moment silencieuses. Certes, tous leurs efforts n'ont pu faire revivre le grand siècle de Louis XIV, et l'époque napoléonienne n'a eu ni ses Bossuet, ni ses Fénelon, ni ses Corneille, ni ses Racine, ni ses Boileau : de tels hommes n'apparaissent pas deux fois; mais elle peut encore citer des noms glorieux et dont la science s'honore légitimement. Cuvier, le savant naturaliste ; Monge, Lagrange, Laplace, Lalande, Gay-Lussac, Thénard, Portal, de Jussieu, Lacépède, Geoffroy-Saint-Hilaire, Malte-Brun, ont arraché à la nature plus d'un secret encore caché, et leurs infatigables travaux ont préparé à l'avenir une riche et précieuse moisson.

Dans la poésie, Delille et Ducis transmettaient au XIXe siècle les bonnes et saintes traditions du passé, et on ne se lasse pas encore aux douces et touchantes inspirations de leur génie. Au-dessous d'eux apparaissent, avec quelque éclat, Légour, Baour-Lormian, de Campenon, Lebrun,

Chénier, Fontanes, Andrieux, qui rappelle quelquefois la bonhomie de Lafontaine; Millevoye, qui eut de nobles accents; Luce de Lancival, auteur de la tragédie d'*Hector*, et Népomucène Lemercier, libre et fier dans son allure, et qui ne vendit jamais sa lyre aux puissances et aux passions. A ces noms nous en aurions ajouté un autre ; mais Parny déshonora son talent et souilla sa plume. Traître à sa vocation, il rabaissa, avilit la poésie, en s'attaquant avec un incroyable cynisme à ce qu'il y a de plus grand et de plus sacré, la religion et l'innocence. Il faut dire à la gloire de Napoléon qu'il méprisa profondément ce poète impie et obscène.

Dans la littérature proprement dite, nous citerons Bernardin de Saint-Pierre, auteur de *Paul et Virginie;* les deux Lacretelle, le cardinal Maury, qui a écrit de belles pages sur *l'éloquence de la chair;* de Jouy, Ginguené, Sicard, Nodier, jeune encore et qui ne devait pas faillir aux espérances qu'il faisait naître; Portalis, Lanjuinais, Daru, Naigeon, qui eut le malheur de professer ouvertement l'athéisme; Volney et Dupuis, qui crurent leur gloire intéressée à continuer l'école encyclopédique, et qui, pour avoir fait fausse route, ont perdu et leur science et leur génie; le pieux abbé de Frayssinous, depuis évêque d'Hermopolis et ministre de nos rois, qui alors défendait avec autant de courage que d'éloquence la sainte cause de la religion, et qui osait dire à l'impiété longtemps triomphante de courber le front sous le joug de la foi.

Deux écrivains surtout ont illustré le siècle de Napoléon, de Bonald et Châteaubriand. L'un, penseur profond, logicien puissant et inflexible, homme de science et de vertu, qui protesta noblement, et par ses écrits et par sa vie tout entière, contre les principes qui avaient ébranlé la société jusque dans ses fondements; athlète infatigable, il combattit jusqu'au bout de sa longue carrière pour la vérité religieuse et politique, et mourut les armes à la main, sans que l'insuccès de la lutte ait pu un moment le décourager; l'autre, historien, apologiste et poète, dont le premier cri éveilla l'Europe et la fit tressaillir d'un sentiment inconnu, qui apporta avec lui une littérature toute neuve, embellie des charmes de son style et parée de la noblesse de ses pensées; homme à l'âme ardente, au génie fier et élevé, planant au-dessus des préjugés et des faiblesses de son siècle, il s'inspira aux grandes et immortelles idées dont le ciel est le principe et le foyer; et tous les fronts se courbèrent d'admiration et de respect devant l'homme qui balança la gloire de Napoléon et qui inscrivit son nom à côté de celui du moderne Charlemagne.

Dans sa vieillesse, justement honoré, l'auteur du *Génie du Christianisme* a dû se reprocher le manifeste violent qu'il publia contre Napoléon déchu. Le jour où était tombé du faîte des grandeurs l'homme qu'il n'avait pas voulu servir, parce qu'il l'avait vu monter au trône sur le cadavre sanglant d'un noble prince lâchement assassiné, ce jour-là, toute sa haine devait se refroidir; il devait respecter ses malheurs, et il ne le fit pas. Ce fut une faute que rien ne peut excuser. Disons cependant que Châteaubriand a eu le rare courage de rendre plus tard au captif de Sainte-Hélène la justice qu'il lui avait d'abord refusée. La France se devait à elle-même de suivre ce grand exemple; elle aussi, elle avait une réparation à faire à la mémoire de l'homme qui lui avait donné tant de gloire. Le héros qu'elle avait élevé sur le pavois, qu'elle avait admiré, aimé, dormait sans honneur sur une terre étrangère ; il avait en vain demandé un tombeau dans sa patrie d'adoption!!!

En 1833, sa statue avait été replacée sur la colonne de la place Vendôme, et tous les partis avaient applaudi à cette tardive expiation. En 1840, le gouvernement, pressé par les vœux unanimes de la nation, se décida enfin à donner aux cendres de Napoléon une sépulture digne de lui. « Nous venons, dit le ministre à cette
» occasion, vous demander les moyens de les
» faire revenir dignement sur la terre de France,
» et d'élever à Napoléon son dernier tom-
» beau..... Ses restes seront déposés aux Inva-
» lides..... Il importe en effet à la majesté d'un
» tel souvenir que cette sépulture auguste ne
» demeure pas exposée sur une place publique,
» au milieu d'une foule bruyante et distraite.
» Il convient qu'elle soit placée dans un lieu
» silencieux et sacré, où puissent la visiter avec
» recueillement tous ceux qui respectent la
» gloire et le génie, la grandeur et l'infor-
» tune.
» Il fut empereur et roi; il fut souverain
» légitime de notre pays. A ce titre, il pourrait
» être inhumé à Saint-Denis; mais il ne faut pas

» à Napoléon la sépulture ordinaire des rois. Il
» faut qu'il règne et commande encore dans
» l'enceinte où vont se reposer les soldats de la
» patrie, et où iront toujours s'inspirer ceux qui
» seront appelés à la défendre. Son épée sera
» déposée sur sa tombe, et l'art élèvera sous le
» dôme, au milieu du temple consacré par la re-
» ligion au dieu des armées, un tombeau digne,
» s'il se peut, du nom qui doit y être gravé. Ce
» monument doit avoir une beauté simple, des
» formes grandes, et cet aspect de solidité iné-
» branlable qui semble braver l'action des
» temps. »

Le prince de Joinville, accompagné de quel-ques-uns de ceux qui avaient suivi Napoléon à Sainte-Hélène, fut chargé de rapporter en France les restes mortels de l'empereur, et il aborda au rivage de l'île dans les premiers jours d'octobre. Il trouva le tombeau gardé par un soldat anglais, entouré d'une simple grille de fer et ombragé d'un grand saule-pleureur. Du reste, la maison de Longwood, où Napoléon avait passé les der-nières années de sa captivité, tombait en ruines, sans qu'on songeât même à la réparer. Les murs étaient dégradés, les vitres brisées; un moulin avait été construit tout près de l'endroit où l'empereur avait rendu le dernier soupir. Sa chambre à coucher et son cabinet de travail étaient convertis en écurie ; l'Angleterre s'acharnait encore sur le cadavre de l'homme qu'elle avait tué !!!

Le 15 octobre (vingt-cinq ans auparavant, Napoléon était descendu dans l'île à pareil jour), on retira du caveau le cercueil d'acajou, encore intact et semé de clous d'argent. Douze soldats, tête nue malgré la pluie, et précédés de la croix et du prêtre, se portèrent à l'endroit où il devait être ouvert. Au moment où le corps fut découvert, il y eut parmi les assistants un mouvement d'émotion et d'attendrissement. Beaucoup fondaient en larmes devant le *grand homme* que la mort elle-même avait respecté. L'empereur avait peu changé, et ses traits étaient facilement reconnaissables. Ses mains étaient restées admirablement belles ; son costume avait à peine souffert ; ses décorations, ses épaulettes, son chapeau, s'étaient bien conservés ; on croyait le voir encore étendu sur son lit de parade. La main gauche, que Bertrand avait prise pour la baiser une dernière fois, quand on avait fermé le cercueil, était encore légèrement soulevée; entre les jambes étaient les deux vases qui renfermaient le cœur et l'estomac.

Quand l'identité du corps eut été reconnue, le cercueil fut refermé, déposé sur un char funèbre traîné par des chevaux caparaçonnés de deuil et conduit à bord de la frégate qui devait le transporter en France, au bruit de l'artillerie du fort et des bâtiments de guerre. Le lendemain, un service solennel fut célébré sur le pont : tout l'équipage, le prince en tête, jeta l'eau bénite sur le cercueil. Le 30 novembre, la frégate jeta l'ancre en vue de Cherbourg.

On se ferait difficilement une idée de l'enthousiasme avec lequel la France accueillit les cendres de Napoléon. Jamais marche triomphale ne fut saluée de plus d'acclamations; jamais conquérant ne vit tomber à ses pieds plus de couronnes et de fleurs. A Cherbourg, plus de cent mille personnes, accourues de tous les points, vinrent s'agenouiller et prier devant le cercueil. Au Havre, malgré la rigueur du froid, les rives de la Seine étaient couvertes au loin d'une innombrable population. A Rouen, la magistrature, la garnison et le peuple se pressaient sur les bords du fleuve ; réunis sur un des ponts, les soldats de l'empire, revêtus de leurs vieux uniformes, saluèrent leur empereur comme ils le saluaient sur le champ de bataille, et le vénérable et pieux pontife, le cardinal prince de Croÿ, à la tête de son chapitre, bénit le sarcophage et fit l'Absoute. Sur tout le parcours de la Seine, ce fut le même empressement et les mêmes manifestations.

Enfin, le 15 décembre, à onze heures, le canon annonça à la capitale que la dépouille mortelle de Napoléon s'arrêtait sous la grande voûte de l'arc de triomphe qui doit éterniser le souvenir de nos victoires. A deux heures, le corps, porté sur un char funèbre de la plus grande magnificence, fut reçu aux Invalides et déposé sous le dôme. Plus de douze cent mille personnes de tout âge et de tout pays se tenaient silencieuses et recueillies sur la route que devait traverser le convoi.

« Ceux qui ont assisté à cette cérémonie, dit
» un journal, n'oublieront jamais l'impression
» profonde que faisait soudainement autour de
» lui, en passant sous tous les regards, ce cer-

» cueil impérial drapé de velours violet, ce cer-
» cueil dans lequel la pensée pouvait voir Napo-
» léon le Grand calme et endormi dans son
» costume de guerre. L'émotion a été solen-
» nelle, et les regards se portaient tour à tour
» vers le corps et vers les soldats mutilés qui
» ont été une part de cette gloire. Les vieux
» officiers essuyaient des larmes le long de leurs
» joues, et l'attendrissement se mêlait à l'admi-
» ration.

» Les hommes de l'empire se sont trouvés ra-
» jeunis de vingt ans parmi la pompe, parmi les
» fastes, parmi l'ombre éclatante d'une époque
» de prodiges.

» La génération nouvelle a pensé un moment
» qu'elle assistait à la grande épopée qui lui a
» été dite tant de fois, et qu'elle pouvait dater à
» son tour de la gloire de ses pères... »

Maintenant il repose au milieu de cette France
qu'il a tant aimée, au milieu des nobles débris
des armées qu'il a si souvent conduites à la victoire, à l'ombre des glorieux trophées qu'il a
conquis sur tous les peuples de l'Europe. La
France lui a donné *une sépulture digne de lui;*
elle s'est honorée elle-même en honorant le

héros qui lui a fait un nom plus grand que le nom de toutes les autres nations ; et longtemps et toujours ses guerriers viendront s'inspirer sur sa tombe pour être à jamais invincibles dans les combats.

NOTES.

Les Pyramides. Page 79. — (Note 1.)

A quelque distance du Caire s'élèvent les superbes pyramides que les anciens rois de l'Égypte avaient fait élever à grands frais et qu'ils destinaient à leur sépulture. On en compte près de cinquante d'inégale grandeur. Toutes sont disposées vers les quatres points cardinaux, à une légère déviation près. Les trois plus considérables sont celles qu'Hérodote a désignées sous les noms de *Chéops*, de *Chephron* et de *Mycérinus*. Ces pyramides reposent sur un rocher dont le plateau s'élève vers le nord et dont la hauteur au-dessus de la plaine a été différemment évaluée par les historiens et les voyageurs. L'élévation réelle des pyramides n'a été bien connue que depuis les travaux des savants qui ont accompagné Bonaparte en Égypte. Celle de Chéops a 428 pieds 6 pouces de hauteur, celle de Chephron, 398 pieds, et celle de Mycérinus, 163.

Il est maintenant reconnu, quoi qu'en ait dit Hérodote, que les pierres principales sont calcaires, à grains fins, d'un gris blanc, faciles à tailler et d'une nature semblable à celle des carrières du pays, et que celles qui formaient les magnifiques revêtements de Chéops et de Mycérinus, qui ont été enlevés, le premier, depuis plusieurs siècles, et le second assez récemment, étaient du jaspe d'Éthiopie et du granit rose de l'île d'Éléphantine.

Ces constructions gigantesques durent énormément coûter de temps, d'hommes et d'argent. Cent mille ouvriers, dit-on, relevés de trois mois en trois mois, furent occupés pendant vingt ans à construire la grande pyramide, et, s'il faut en croire le témoignage de Pline, une inscription gravée en caractères égyptiens sur une des faces de la pyramide portait que la dépense pour les poireaux, ognons, seulement, se montait à 4,800,000 francs de notre monnaie. Si cela est vrai, combien doit-il en avoir coûté pour les outils, pour le reste de la nourriture, pour les habits et la solde des ouvriers! Et ces monuments n'étaient que des tombeaux! N'est-ce pas, plus que jamais, le cas de s'écrier avec le sage : *Vanité des vanités !*.... Aujourd'hui les pyramides sont encombrées de ruines et d'un sable fin où le pied s'embarrasse à chaque pas. Il faut tout le courage des antiquaires pour oser pénétrer à l'intérieur.

Kléber. Page 86. — (Note 2.)

Kléber naquit à Strasbourg; son père, attaché à la maison du cardinal de Rohan, le destina à l'architecture, et, venu jeune à Paris pour y faire ses études, il ne tarda pas à suivre deux gentilshommes bavarois qui le firent entrer à l'école militaire de

Munich. Pourvu d'une lieutenance dans le régiment du général Kaunaltz, qui, frappé de sa belle taille et de son esprit, l'avait pris en amitié, il fit ses premières armes contre les Turcs, en 1776, et mérita par sa bravoure les éloges de ses chefs. Mais voyant, après tant de succès, qu'il ne pouvait obtenir d'avancement, il revint en Alsace, embrassa avec chaleur les principes de la révolution, et, en 1792, il entra comme simple grenadier dans un régiment de volontaires du Haut-Rhin, et, après avoir servi avec distinction sous les ordres de Moreau, nommé général de brigade, il fut envoyé contre les Vendéens, qu'il défit au Mans et à Savenay. Intrépide sur le champ de bataille, Kléber était généreux et clément dans la victoire. Il ne put supporter les exécutions cruelles ordonnées par les commissaires de la convention, et ne dissimula pas l'horreur qu'elles lui inspiraient. Exilé comme *suspect* et bientôt rappelé par le directoire, qui avait besoin de ses services, il fut attaché comme général de division à l'armée de Sambre-et-Meuse, contribua puissamment à la victoire de Fleurus, et, marchant en avant, il put mettre le siège devant Maëstricht, qu'il emporta après vingt-huit jours de tranchée ouverte et quarante-huit heures de bombardement. Toujours vainqueur, et chargé *par intérim* du commandement en chef, il allait opérer sa jonction avec l'armée de Rhin-et-Moselle, lorsqu'une intrigue lui substitua le général Hoche, et l'obligea à se retirer dans sa maison de campagne, auprès de Paris, où il s'occupait à rédiger des mémoires sur ses *campagnes*, lorsque Bonaparte l'engagea à le suivre en Égypte (1798). Blessé grièvement à l'attaque d'Alexandrie, il suivit en Syrie le général en chef à la tête de l'avant-garde, s'empara du fort d'El-Arisch, de Gaza et de Jaffa, et, plus tard, il se distingua au combat d'Aboukir.

Quand Bonaparte s'embarqua pour retourner en Europe, il remit à Kléber le commandement. La position était plus que critique; l'armée, affaiblie par de nombreux combats, par des marches forcées dans le désert, manquait de vivres et d'argent, et le grand-visir arrivait à la tête de quatre-vingt mille hommes. Il fallut songer à ouvrir des négociations sous la médiation du commodore anglais, Smith, et un traité fut conclu. Tous les Français prisonniers devaient être rendus, l'Égypte évacuée, et l'armée transportée en France avec armes et bagages. Fidèle aux conditions, Kléber avait déjà remis aux Turcs toutes les places fortes de la Haute-Égypte et la ville de Damiette, et se disposait à évacuer le Caire, lorsque l'amiral anglais lui écrivit que son gouvernement lui défendait de permettre l'exécution d'aucun traité, à moins que l'armée française ne mît bas les armes et ne se rendît prisonnière de guerre. Kléber, indigné, fit imprimer cette lettre, et y ajouta ces mots : « Soldats, aux armes ! vous répondrez à une telle insulte par des victoires. » Et sans perdre de temps, il concentra toutes ses forces, rencontra l'avant-garde turque devant Matarié, et l'enleva; attaqua, près de l'obélisque d'Héliopolis, le grand-visir, dont l'armée était de dix fois supérieure à la sienne, et la mit en déroute, et quelques jours après il se rendit maître de tous les bagages de l'ennemi, et rentra de vive force au Caire, où une insurrection avait éclaté pendant son absence. Maître de l'Égypte, il ne pensait plus qu'à s'en assurer la possession paisible par une sage et vigilante administration, lorsqu'il fut lâchement assassiné sur la terrasse de son jardin, au Caire, où il avait fixé sa résidence.

On a voulu rendre Bonaparte complice de cette mort tragique, et dans le temps on a prétendu que le général Menou avait été l'instrument dont il s'était servi pour ce projet odieux. Cette noire calomnie, imaginée par les ennemis de sa gloire, est tombée presqu'en naissant ; personne n'y croit aujourd'hui. Ce fut un jeune fanatique de vingt-quatre ans, Soleyman-el-Habhi, qui conçut la pensée du crime. Il crut, en le commettant, s'ouvrir la porte des cieux, et il vint au Caire armé du poignard qu'il avait reçu de la main des agents du grand-visir. Au moment où le général traversait une galerie, il s'approcha comme pour lui présenter un placet, et le frappa au milieu du cœur. Condamné à avoir le poing brûlé et à subir ensuite le supplice du pal, le jeune Syrien ne fit paraître aucune émotion. Pendant que le feu dévorait ses chairs, il ne poussa aucun cri, et regardait avec une indifférence dédaigneuse le pieu affilé qui devait servir d'instrument à sa mort. Au moment de son supplice, ses traits se décomposèrent à peine, et promenant un regard fier et assuré sur la multitude, il prononça d'une voix sonore la profession de foi du musulman : « Il n'y a point d'autre Dieu que Dieu, et Mahomet est son prophète. » Il demanda un peu d'eau, que par compassion un soldat français lui donna, et mourut.

Kléber était sans contredit un des plus grands

hommes de guerre que la révolution ait produits. Il avait une activité infatigable, un rare sang-froid, beaucoup d'enthousiasme pour la gloire de son pays, un coup d'œil rapide et juste, une connaissance profonde de la tactique de son art. Désintéressé, humain, respecté et aimé de ses soldats, il arrêtait d'un seul regard les séditions, le brigandage et l'effusion du sang. Peu de chefs d'armée ont établi une discipline aussi exacte, et peu d'hommes pouvant disposer des richesses conquises ont su mieux les mépriser. Ses restes, recueillis et rapportés en France, ont été, en 1818, placés dans un monument qui lui fut élevé à Strasbourg.

Les Français en Égypte, après le départ de Bonaparte.

« L'armée silencieuse, en sa morne attitude,
» Contemplait de la mer l'immense solitude !
» Soldats ! pourquoi ces pleurs, ce deuil silencieux ?
» Un soir, vous oublierez ces funestes adieux.
» L'homme qui, du désert, osa frayer les routes,
» Vous le retrouverez dans ces sanglantes joûtes
» Où, de l'Europe entière acceptant les défis,
» La France belliqueuse appellera ses fils.
» Chargé d'autres lauriers, sur sa terre natale,
» Il chérira toujours sa gloire orientale ;
» Et, tandis que ses vœux pressent votre retour,
» Les pompes de l'Égypte embellissent sa cour.
. . . .
» Et vous qui, plus heureux, vainqueurs d'un long exil,
» Aujourd'hui, pour la France, abandonnez le Nil,
» Lieutenants du héros de ses jeunes années,
» A son noble avenir liez vos destinées.

» Un jour, sous son manteau semé d'abeilles d'or,
» Géants républicains, vous grandirez encor :
» Sa main, en vous jetant des fiefs héréditaires,
» Chargera de fleurons vos casques militaires.
» Eckmul, Montebello, Berg, Frioul, Neufchâtel,
» Vous donnerez au temps un blason immortel.
» La gloire impériale, qui détruit et qui fonde,
» Pour vous, en écussons, découpera le monde,
» Et, devant l'ennemi, sous le feu des canons,
» D'un baptême de sang anoblira vos noms. »
Dans ce drame éclatant de quatorze ans de gloire,
Commencé sur le Nil, achevé sur la Loire,
Vous reverrez un jour vos généraux vieillis,
Soldats du Mont-Thabor et d'Héliopolis !
Vos drapeaux, qu'agita l'aquilon d'Idumée
Marcheront les premiers devant la grande armée ;
Vos pas ébranleront tout le Nord chancelant,
Aux plaines d'Austerlitz, d'Iéna, de Friedland :
Jours de fête, où, perçant un rideau de nuages,
Le soleil dardera ses lumineux présages.
Bientôt, des bords du Rhin vers l'Asie élancés,
Émules rayonnés de vos travaux passés,
Épouvantant des czars la sainte métropole,
Vous irez dans Moscou chercher la clef du pôle ;
Et quand, pour échapper à vos puissantes mains,
Le pôle sous vos pieds glacera ses chemins ;
Quand les rois, secouant leur stupeur léthargique,
Convoqueront l'Europe aux champs de la Belgique,
Une dernière fois, parés des trois couleurs,
Soldats, vous combattrez dans ce vallon de pleurs,
Où la France, portant son dernier coup d'épée,
Tombera digne d'elle, au visage frappée !!!
Alors, de ce grand siècle étonné de finir,

Plus rien ne restera qu'un morne souvenir.
Sur une île de rocs dans l'Océan jetée,
La gloire et le génie auront leur Prométhée.
. . . .
. . . .

BARTHÉLEMY ET MÉRY.

Moreau. Page 93. — (Note 3.)

Moreau, né à Morlaix en 1760, montra de bonne heure du goût pour les armes, et, malgré les désirs et les sollicitations pressantes de son père, qui le destinait au barreau, qu'il lui fit suivre quelque temps, il s'enrôla pour la seconde fois, en 1792, dans un régiment de volontaires qui se rendaient à l'armée du Nord. Dès le début de sa carrière militaire, il annonça ce qu'il serait un jour; et, protégé par Pichegru, qui avait su le deviner, il était déjà général de brigade en 1793; et, l'année suivante, promu au grade de général de division et investi du commandement d'un corps d'armée, il conquit en peu de temps Menin, Ipres, Bruges, Nieuport, Ostende, l'île de Cassandrie et le fort de l'Écluse, pendant que les jacobins immolaient à Brest son vieux père que sa charité avait fait surnommer *le père des pauvres*. En 1794, il commanda avec beaucoup d'éclat l'aile droite de l'armée de Pichegru; et, bientôt, élu général en chef de cette même armée par la retraite de son protecteur, il ouvrit en 1796 cette campagne mémorable qui a immortalisé son nom et l'a fait regarder avec justice comme un des plus grands capitaines du siècle. Vainqueur de Wurmser et du prince Charles, qu'il repoussa sur tous les points, il allait entrer en Bavière, lorsque la défaite de Jourdan vint mettre son armée dans la situation la plus périlleuse. Moreau effectua alors cette fameuse retraite si connue et si admirée de ses ennemis eux-mêmes, qui ne purent ni l'entamer ni l'empêcher de rentrer en France avec la gloire d'avoir battu presque tous les corps qui se présentèrent pour lui fermer le passage. Quelque temps après, le parti qui avait formé le projet de renverser le Directoire jeta les yeux sur Moreau et voulut le mettre à sa tête. Il refusa par modestie, et laissa tout le profit de cette révolution à Bonaparte. Nommé au commandement des armées du Danube et du Rhin, vainqueur à Biberoch, à Hochstedt, à Neubourg et à Oberhaussen, il mit en pleine déroute l'armée autrichienne dans les défilés de Hohenlinden, où elle laissa onze mille prisonniers et cent pièces de canon. Vienne ne pouvait manquer de tomber en son pouvoir; mais le prince Charles vint demander et obtint une suspension d'armes. Quand, après cette glorieuse campagne, Moreau revint à Paris, il fut accueilli avec enthousiasme; l'armée et le peuple lui témoignaient à l'envi leur admiration. Soit jalousie, soit crainte de rencontrer en lui un obstacle à ses ambitieux projets, Bonaparte le tint éloigné, et bientôt, impliqué dans l'affaire de Pichegru et de Cadoudal, dont il est probable pourtant qu'il ne fut pas le complice, il le condamna à deux ans de détention qui furent changés en deux ans d'exil. Moreau se retira aux États-Unis, où il vécut tranquillement jusqu'en 1813, où, sur les instances de l'empereur de Russie, il vint rejoindre à Prague les souverains coalisés contre la France, qui voulaient s'aider de la sagesse de ses conseils et qui lui firent l'accueil le plus honorable, le traitant comme leur égal. Mais il ne devait pas jouir longtemps de cette triste gloire. Pendant qu'à côté de l'empereur Alexandre il examinait les positions de Bonaparte, un boulet de canon lui fracassa les deux jambes, et il mourut six jours après, pleuré du souverain dont il s'était concilié la confiance et l'affection. Il fut enterré dans l'église catholique de Saint-Pétersbourg, avec tous les honneurs dus à son rang.

Latour-d'Auvergne. Page 93. — (Note 4.)

Ce fut au combat d'Oberhausson, gagné par Moreau, que mourut, frappé d'un coup de lance, le brave et intrépide Latour-d'Auvergne, dont on a dit qu'il valait à lui seul plusieurs légions. De la noble famille de Turenne, dont il avait tout le courage, modeste et simple dans ses mœurs qui rappelaient les temps antiques, ne vivant que de lait, il ne se délassait de ses fatigues que par l'étude de l'histoire et des sciences, et la lecture de Tite-Live et d'Homère, ses auteurs favoris. A sa mort, les tambours demeurèrent voilés d'un crêpe pendant trois jours ; son sabre d'honneur fut envoyé et déposé aux Invalides, et son cœur, renfermé dans une petite boîte de plomb, fut donné à la 46ᵉ demi-brigade et suspendu au drapeau. La place du *premier grenadier de la république*, c'est ainsi qu'on l'appelait, demeura vide, et, à chaque appel de sa compagnie, quand on en venait à son nom, une voix répondait :

Mort au champ d'honneur. L'armée lui fit élever un monument simple sur le lieu même où il était tombé, et l'inscription plaçait *cette tombe sous la sauve-garde des braves de tous les pays.* Les braves de tous les pays l'ont respectée et honorée d'une larme.

Lettres de Louis XVIII au général Bonaparte, premier consul. Page 93. — (Note 5.)

« Quelle que soit leur conduite apparente, des
» hommes tels que vous, Monsieur, n'inspirent ja-
» mais d'inquiétudes ; vous avez accepté une place
» éminente, je vous en sais gré ; mieux que per-
» sonne vous avez ce qu'il faut de force et de puis-
» sance pour faire le bonheur d'une grande nation.
» Sauvez la France de ses propres fureurs, et vous
» aurez rempli le vœu de mon cœur ; rendez-lui
» son roi, et les générations futures béniront votre
» mémoire. Vous serez trop nécessaire à l'État
» pour que je songe à acquitter par des places im-
» portantes la dette de mon aïeul et la mienne.
» Louis. »

» Depuis longtemps, général, vous devez savoir
» que mon estime vous est acquise ; si vous doutiez
» que je fusse susceptible de reconnaissance, mar-
» quez votre place, fixez le sort de vos amis. Quant
» à vos principes, je suis Français ; clément par ca-
» ractère, je le serais encore par raison.
» Non, le vainqueur de Lodi, de Castiglione et

» d'Arcole, le conquérant de l'Italie, ne peut pas pré-
» férer à la gloire une vaine célébrité. Cependant,
» vous perdez un temps précieux. Nous pouvons
» assurer la gloire de la France; je dis nous, parce
» que j'aurais besoin de Bonaparte pour cela, et
» qu'il ne le pourrait pas sans moi.

» Général, l'Europe vous observe, la gloire at-
» tend, et je suis impatient de rendre la paix à mon
» pays.

» Louis. »

Réponse du premier consul.

« J'ai reçu, Monsieur, votre lettre; je vous re-
» mercie des choses honnêtes que vous m'y dites;
» vous ne devez plus souhaiter votre retour en
» France : il vous faudrait marcher sur cent mille
» cadavres. Sacrifiez votre intérêt au repos et au
» bonheur de la France, l'histoire vous en tiendra
» compte. Je ne suis pas insensible au bonheur de
» votre famille; je contribuerai avec plaisir à l'a-
» doucir et à la tranquillité de votre retraite.

» BONAPARTE. »

Lannes. Page 140. — (Note 6.)

Lannes, maréchal de l'empire et duc de Montebello, né à Lectour en 1769, fut obligé, par suite du
malheur de sa famille, d'embrasser d'abord la profession de teinturier. Lorsqu'en 1792, la république
appela sous ses drapeaux tous les jeunes gens en

état de porter les armes, il fut un des premiers à répondre à cet appel. Actif, intelligent et brave, son avancement ne pouvait manquer d'être rapide ; et, quand il se rendit à l'armée d'Italie, il fixa particulièrement l'attention du général Bonaparte, qui lui donna un régiment. Pendant toute la campagne, à Millésimo, à Lodi, à Bassano, au siége de Pavie et de Mantoue, à la mémorable bataille d'Arcole, Lannes fit des prodiges de valeur, et Bonaparte, qui le regardait comme un de ses plus braves généraux, lui donna un commandement dans l'expédition d'Égypte, où il se fit remarquer par son intrépidité, et contribua pour beaucoup à la victoire d'Aboukir, en culbutant les Turcs sur la montagne des sables. Revenu en France avec Bonaparte, nommé commandant de la garde consulaire, il partit bientôt pour l'Italie à la tête de l'avant-garde, et, à la bataille de Marengo, il fut admiré pour une foule de faits d'armes auxquels il prit part et comme général et comme soldat. A la bataille d'Austerlitz, où il commandait l'aile gauche de la grande armée, deux de ses aides de camp furent tués à ses côtés, et il eut une grande part au succès par ses savantes manœuvres et par la prodigieuse activité de ses mouvements. Iéna, Eylau, Friedland furent autant de théâtres de sa gloire. Mais ce fut surtout dans la terrible bataille d'Eylau qu'il fit des prodiges de valeur qui lui méritèrent l'admiration et la reconnaissance de toute l'armée. En Espagne, où il suivit Bonaparte, il dirigea le siége de Saragosse, devenu si fameux par l'héroïque résistance des assiégés. Cependant l'Autriche, toujours vaincue, mais toujours redoutable, venait de relever pour la cinquième fois contre Napoléon l'étendard de la guerre. Le duc de Montebello partit pour l'Allemagne avec le triste pressentiment que son heure dernière était venue, et, en quittant sa famille qu'il ne devait plus revoir, il versa des larmes abondantes. A la tête de ces braves légions qui, si souvent, avaient vaincu sous lui, après une suite rapide de victoires, il s'empara de Ratisbonne, et s'avançait à de nouvelles conquêtes, lorsqu'à la bataille d'Esling, le 22 mai 1809, un boulet de canon lui emporta la jambe droite tout entière, et la jambe gauche au-dessus de la cheville; on désespéra aussitôt de sa vie. Comme on l'emportait sur un brancard, Napoléon accourut, versant des larmes et le serrant dans ses bras : « Lannes, lui dit-il, me reconnais-tu ? c'est l'empereur, c'est Bonaparte, c'est ton ami. » Faut-il croire à la réponse que lui aurait faite le maréchal mourant : « Dans une heure, vous aurez perdu celui qui meurt avec la gloire et la conviction d'avoir été votre meilleur ami. » Doit-on croire surtout que, d'une voix entre-coupée, il ait conseillé à l'empereur de mettre un terme à l'ambition qui, après avoir entraîné successivement au tombeau tous les compagnons de sa fortune, finirait par l'y précipiter lui-même ? Il est plutôt à présumer que cette prétendue conversation n'est qu'une scène imaginée à plaisir ou pour faire honneur aux sentiments du duc de Montebello, ou pour accuser à l'ombre de son nom cette passion immodérée des conquêtes qui, quelques années plus tard, perdit Napoléon, et fut si funeste à la France. Quoi qu'il en soit, Lannes, après de longues et vives douleurs, succomba à ses blessures, et son corps, d'abord déposé à Strasbourg, fut transporté à Paris l'année suivante, et inhumé au Panthéon le 6 juillet 1810. Le duc de Montebello fut une des plus grandes gloires de l'empire, et le maréchal Ney seul obtint sur lui le surnom de *brave des braves*.

Ney. Page 170. — (Note 7.)

Ney, duc d'Elchingen, prince de la Moscowa, maréchal de l'empire, naquit à Sarrelouis (Moselle), le 10 janvier 1769. Il embrassa fort jeune la carrière des armes, et la révolution, dont il embrassa chaleureusement les principes, le trouva sous-lieutenant dans un régiment de hussards. Protégé par le général Kléber, qui lui confia plusieurs missions qu'il remplit avec intelligence, son avancement fut rapide, et, en 1796, déjà général de brigade, il contribua beaucoup à la victoire de Nerwind, et se distingua à Dieroesdorf, où il fut fait prisonnier. Nommé général de division, maréchal de l'empire, quand, en 1805, la guerre recommença avec l'Autriche, Ney passa le Rhin à la tête d'un corps d'armée, et eut une grande part à l'importante victoire d'Elchingen, dont il porta le nom avec le titre de duc. Ses savantes manœuvres préparèrent la capitulation d'Ulm. Dans la campagne de Prusse, en 1806, il montra la même intrépidité et le même talent à Iéna, à Eylau et à Friedland, dont il se rendit maître. En Espagne, il soutint la gloire de nos armées et triompha plus d'une fois de l'héroïque résistance de ce peuple brave et fidèle qui combattait pour son indépendance et sa nationalité. Mais ce fut surtout dans la malheureuse expédition de Russie qu'il développa tout son courage et toute sa science militaire. A la bataille de la Moscowa, il reçut de l'empereur le nom de *brave des braves*, que le duc de Montebello ne pouvait plus lui disputer, et le titre de prince. Dans la retraite qui fut si désastreuse, et où périrent de faim, de fatigue et de froid tant de milliers de nos soldats, l'intrépide maréchal, placé à l'arrière-garde, tous les jours aux prises avec l'ennemi, sauva, par son sang-froid et la hardiesse de ses manœuvres, les débris de la grande armée, surmontant tous les obstacles qu'il rencontra pendant une route longue et pénible. A Hanau, où il était enfin arrivé, il organisa rapidement cette armée de braves qui, après les souffrances les plus inouïes, exténuée et presqu' mourante, triomphèrent encore à Lutzen et à Bautzen. Après l'affaire sanglante de Leipsick, où il réussit à ménager la retraite de nos troupes, il repassa le Rhin, disputant pied à pied le terrain contre une armée innombrable que l'Europe entière avait rassemblée pour arrêter l'ambition de Napoléon. A Brienne, à Montmirail, à Châlons-sur-Marne, il se couvrit encore de gloire. Lors de l'abdication de l'empereur, dont il lui donna vivement le conseil, il parut se rattacher franchement au nouveau gouvernement, qui le combla de faveurs. Mais Napoléon ayant débarqué en France au mois de mars 1815, le maréchal Ney, envoyé pour le combattre et qui avait juré à Louis XVIII de lui amener, *enfermé dans une cage de fer*, l'illustre fugitif de l'île d'Elbe, se rangea sous ses drapeaux avec les troupes qu'il commandait et l'accompagna jusqu'à Paris. Traduit quelques jours après devant un

conseil de guerre, qui déclara son incompétence
pour le juger, renvoyé devant la cour des pairs, dont
le roi l'avait nommé membre un an auparavant,
il fut condamné à mort le 6 septembre. Il entendit
son arrêt sans faire paraître aucune émotion, et
marcha au supplice avec calme et sérénité, conversant avec expansion avec le prêtre qui l'accompagnait dans ce moment suprême.

Dès 1809, Napoléon avait conçu, sur la fidélité
du maréchal Ney, quelques soupçons dont le motif
n'a jamais été bien connu. On supposa que l'illustre
général avait des liaisons avec ce reste de républicains qui s'obstinaient à rêver une liberté et une
égalité chimériques; rappelé en France, Ney y demeura avec toutes les apparences d'une disgrâce
jusqu'au moment de l'expédition de Moscou. Après
les cent-jours, ces soupçons se réveillèrent, et il faut
avouer que sa conduite, à Fleurus et à Waterloo,
où il ne fit rien de remarquable et digne de ses anciens exploits, put jusqu'à un certain point les justifier. Mais ce ne sont là que des conjectures, et il
y aurait peut-être témérité à accuser, sur de tels fondements, un guerrier qui a rendu à la France d'immenses services et élevé bien haut la gloire de nos
armes.

Incendie de Moscou. Page 172. — (Note 8.)

Vainqueurs à la bataille de la Moscowa, les Français étaient aux portes de l'antique métropole de la
Russie; toute résistance paraissait inutile, et déjà
de nombreuses familles se dérobaient par la fuite

aux horreurs et surtout à la honte de l'occupation de Moscou. Ce fut dans ces circonstances extrêmes que le gouverneur, le comte Rotopschin, prit une résolution désespérée qui rappelle les plus sublimes dévouements des âges passés, et qui devait sauver sa patrie du joug de l'étranger. Du haut du balcon, il avait harangué le peuple pour faire passer dans tous les cœurs le noble enthousiasme de sa grande âme. « Braves Moscovites, s'était-il écrié, notre en-
» nemi s'avance, et déjà vous entendez sa foudre
» qui gronde non loin de nos faubourgs. Le méchant
» veut renverser un trône dont l'éclat offusque le
» sien. Vous le savez, notre empire, à l'imitation
» de nos ancêtres, réside dans notre camp. Nos ar-
» mées sont presque intactes; elles se renforcent
» chaque jour de nouvelles levées; celles du perfide,
» au contraire, arrivent épuisées, anéanties. In-
» sensé! il croyait que son aigle victorieuse, après
» avoir erré des rives du Tage aux sources du Volga,
» pourrait détruire celle qui, nourrie au sein du
» Kremlin, a pris son vol rapide, et, planant sur nos
» villes, étend une aile jusqu'au pôle et l'autre par
» delà le Bosphore. Soyons persévérants, et j'ose
» vous assurer que la patrie, du sein de ses ruines,
» ressortira plus grande et plus majestueuse. Pour
» parvenir à un si beau résultat, songez, amis, qu'il
» faut faire de grands sacrifices et renoncer à ses
» plus chères affections. Prouvez aujourd'hui que
» vous êtes les dignes émules des Pojarski, des Pa-
» litsis et des Minines, qui, dans les temps les plus
» malheureux, à force de courage, établirent la
» croyance que le Kremlin était sacré. Maintenons
» cette pieuse tradition, et, pour la soutenir, que

» chacun arme son bras contre l'ennemi dangereux
» qui veut détruire notre empire et saccager nos
» autels... Les habitants de Saragosse, ayant sans
» cesse sous les yeux le courage immortel de leurs
» aïeux, qui, pour éviter le joug des Romains, firent
» un bûcher où ils ensevelirent leurs fortunes, leurs
» familles et eux-mêmes, ont préféré mourir sous
» les ruines de leur ville, plutôt que de plier sous
» l'injustice. Aujourd'hui la même tyrannie menace
» de nous accabler. Eh bien! prouvez à l'univers
» que l'exemple mémorable de l'Espagne n'a point
» été perdu pour la Russie. » Après avoir électrisé
le peuple par ces paroles, il fit mettre le feu à la
Bourse, qui renfermait des richesses immenses et
où l'armée française eût pu trouver de quoi subsister pendant tout l'hiver, et le lendemain 16 septembre, à la pointe du jour, le feu était aux quatre coins
de la ville, et le vent, soufflant avec furie, portait de
tous côtés des brandons enflammés. Nous laissons
parler l'éloquent historien de la campagne de
Russie, témoin de tous les désastres qu'il raconte.

« Alors, dit-il, s'offrit à mes yeux le spectacle le
plus lamentable que mon imagination ait jamais pu
se figurer, même à la lecture du morceau le plus
affligeant de toutes les histoires anciennes et modernes. Une grande quantité de la population de
Moscou, par la crainte que causa notre arrivée, était
demeurée cachée dans l'intérieur des maisons; elle
en sortit du moment que l'incendie eut pénétré
dans ses asiles. On voyait tous ces infortunés,
tremblants, sans proférer la moindre imprécation,
tant la stupeur rendait leur douleur muette, sor-

tir de leurs retraites, emportant avec eux leurs effets les plus précieux. Mais les âmes sensibles, agitées par le seul sentiment de la nature, ne portaient dans leurs bras que leurs plus jeunes enfants; derrière, elles étaient suivies par d'autres plus grands, qui, pour ne pas se perdre, doublaient leurs pas en appelant leurs mères. Les vieillards, encore plus accablés par la douleur que par les années, rarement pouvaient suivre leur famille, et beaucoup pleurant sur les ruines de leur patrie, se laissaient mourir auprès de la maison qui les avait vus naître. Les rues, les places publiques et surtout les églises étaient remplies de malheureux qui, couchés sur le reste de leur mobilier, gémissaient sans donner le moindre signe de désespoir ; on n'entendait aucun cri, aucune querelle. Le vainqueur et le vaincu étaient également abrutis, l'un par l'excès de fortune, l'autre par l'excès de misère.

« L'embrasement poursuivant ses ravages eut bientôt atteint les plus beaux quartiers de la ville. En un instant, tous les palais que nous avions admirés pour l'élégance de leur architecture et le goût de leur ameublement furent ensevelis sous des torrents de flammes. Leurs superbes frontons, décorés de bas-reliefs et de statues, venant à manquer de support, tombaient avec fracas sur les débris de leurs colonnes. Les églises, quoique couvertes en tôle et en plomb, tombaient aussi, et, avec elles, ces dômes superbes que nous avions vus la veille tout resplendissants d'or et d'argent. Les hôpitaux, où se trouvaient plus de douze mille blessés, ne tardèrent pas à être incendiés ; la scène qui s'offrit alors révoltait l'âme et la glaçait d'effroi ; presque tous ces malheureux périrent, et l'on voyait le peu de vivants qui respiraient encore se traîner à moitié brûlés sous des cendres fumantes ; d'autres gémissaient sous des monceaux de cadavres, les soulevaient avec peine pour chercher à revoir la lumière..... Bientôt le feu eut gagné la totalité des quartiers de Moscou, et la ville entière ne forma plus qu'un immense bûcher... Le lendemain, à la pointe du jour, et auprès de Peterskès, où nos divisions se trouvaient campées, j'aperçus à la fois le spectacle le plus terrible et le plus touchant, celui de voir de malheureux habitants traîner sur de mauvaises voitures tout ce qu'ils avaient pu sauver de leurs maisons incendiées ; et comme les soldats leur avaient enlevé leurs chevaux, on voyait des hommes et des femmes même traîner ces charrettes sur lesquelles étaient une mère infirme ou un vieillard paralytique. Des enfants presque nus suivaient ces groupes intéressants ; la tristesse, si éloignée de leur âge, était empreinte sur leur figure, et si les soldats s'approchaient d'eux, ils couraient en pleurant se jeter dans les bras de leur mère..... Sans asile, sans secours, ces infortunés erraient dans la campagne, se réfugiaient dans les bois, et partout ils retrouvaient les vainqueurs de Moscou... Beaucoup de Moscovites, cachés dans les forêts voisines, voyant cesser l'incendie, croyant n'avoir plus rien à craindre, rentraient dans la ville. Les uns cherchaient leur maison et ne la trouvaient plus ; d'autres, voulant se réfugier dans le sanctuaire de leur Dieu, virent avec douleur qu'on l'avait profané. Les promenades offraient un spectacle révoltant : à chaque instant, on trouvait des hommes morts, et sur plusieurs arbres à demi brûlés était suspendu le cadavre d'un incendiaire. Au milieu de ces horreurs, on voyait les infortunés habitants, restés sans asiles, ramasser la tôle qui couvrait les toits, pour se construire des cabanes qu'ils élevaient dans des quartiers éloignés ou dans des jardins entièrement ravagés; N'ayant rien à manger, ils fouillaient la terre pour arracher les racines des légumes que nos soldats avaient cueillis ; ou bien, errant au milieu des désastres, ils remuaient les cendres refroidies pour y chercher les aliments que le feu n'avait pas entièrement consumés ; pâles, décharnés et presque nus, la lenteur de leur démarche annonçait l'excès de leur souffrance. Enfin, plusieurs se rappelant qu'on avait coulé des barques chargées de grains, plongeaient dans la rivière pour se nourrir d'un blé en fermentation dont l'odeur était repoussante. »

M. DE SÉGUR.

Mort du jeune Platow. Page 179. — (Note 9.)

« Depuis l'ouverture de la campagne, le fils de
» L'hetman Platow, monté sur un cheval blanc de
» l'Ukraine, était le fidèle compagnon d'armes de
» son père, et toujours marchant à la tête des cosa-
» ques, s'était fait remarquer de nos avant-gardes
» par son courage et son intrépidité. Ce beau jeune
» homme était l'idole de son père et l'espoir de la
» nation guerrière qui devait un jour lui obéir. Mais
» le destin avait prononcé sur son sort, et son heure
» fatale était arrivée. Dans un choc violent de cava-

» lorio, qui eut lieu auprès de Vereia, entre le prince
» Poniatowski et l'hetman Platow, les Polonais et
» les Russes, animés par une haine violente, se bat-
» tirent avec acharnement. Excités par l'ardeur du
» combat, ils s'arrachaient la vie, et, de toutes parts,
» tombaient des braves échappés à de grandes ba-
» tailles.

« Platow, qui voyait succomber sous les coups
» des Polonais ses meilleurs soldats, oubliait le pé-
» ril, et d'un œil inquiet cherchait son fils; mais ce
» père infortuné touchait au moment terrible où il
» devait éprouver que la vie est souvent une grande
» disgrâce. L'objet de sa plus chère affection, re-
» venu du fort de la mêlée, se préparait à porter de
» nouveaux coups, lorsqu'il reçut une blessure
» mortelle d'un hulan polonais. Au même instant,
» le père, qui volait à son secours, paraît; il se pré-
» cipite sur lui. En le voyant, le fils pousse un pro-
» fond soupir, veut lui parler et lui exprimer le
» dernier témoignage de sa tendresse; mais, en
» ouvrant la bouche, il rendit le dernier soupir.

» Cependant Platow, ne pouvant retenir ses lar-
» mes, se retire dans sa tente pour leur donner un
» libre cours; là, il déteste la vie, il ne peut plus
» supporter la lumière. Le lendemain, à la pointe
» du jour, les chefs des cosaques, en exprimant leur
» douleur, demandèrent en suppliant qu'on leur
» permît de rendre au fils de leur hetman les hon-
» neurs de la sépulture. Chacun d'eux, en voyant
» cet intéressant jeune homme étendu sur une peau
» d'ours, baisait respectueusement la main du
» guerrier qui, sans une mort prématurée, eût égalé
» par sa valeur et sa vertu les plus grands capitai-

» nes. Après avoir fait, suivant leur rite, des prières
» ferventes pour le repos de son âme, ils l'enlevè-
» rent aux regards du père pour le porter solennel-
» lement sur un tertre couvert de cyprès, et où on
» devait l'enterrer. Tout autour, les cosaques ran-
» gés en bataille observaient un silence religieux, et
» baissaient leur tête sur laquelle se peignait la tris-
» tesse. Au moment où la terre allait pour toujours
» les séparer du fils de leur prince, ils firent à la
» fois un feu de mousqueterie, et puis, tenant en
» main leurs chevaux, ils défilèrent tous auprès du
» tombeau, en renversant contre terre la pointe de
» leur lance. »

Le même.

Retraite de Moscou. Page 179. — (Note 10.)

« Plus nous approchions, et plus la terre était en
» deuil; toute la campagne, foulée par des milliers
» de chevaux, semblait n'avoir été jamais cultivée,
» les forêts, éclaircies par le long séjour des trou-
» pes, se ressentaient aussi de cette affreuse dévas-
» tation. Mais rien n'était horrible à voir comme la
» multitude de morts qui depuis cinquante-deux
» jours, privés de sépulture, conservaient à peine
» une forme humaine. En approchant de Borodino,
» ma consternation fut à son comble en retrouvant
» à la même place les vingt mille hommes qui s'é-
» taient égorgés; la plaine entière en était couverte;
» de toutes parts ce n'était que cadavres à demi en-
» terrés : là étaient des habits teints de sang et
» des ossements rongés par les chiens et les oi-
» seaux de proie; ici, des débris d'armes, de tam-

» bours, de casques et de cuirasses ; on y trouvait
» également des lambeaux d'étendards ; mais, aux
» emblèmes dont ils étaient couverts, on pouvait
» juger combien l'aigle moscovite avait souffert
» dans cette sanglante journée.

» D'un côté on voyait les restes de la cabane où
» Kutusoff avait campé ; plus loin, sur la gauche,
» la fameuse redoute ; elle dominait toute la plaine :
» semblable à une pyramide, elle s'élevait au mi-
» lieu d'un désert. En songeant à ce qu'elle avait
» été et à ce qu'elle était alors, je crus voir le Vé-
» suve en repos ; mais ayant aperçu au sommet un
» militaire, dans le lointain, sa figure immobile
» me fit l'effet d'une statue. Ah ! si jamais on veut
» en élever une au démon de la guerre, m'écriai-je,
» c'est sur ce piédestal qu'il faut la lui dresser !

» Du temps qu'on traversait ce champ de bataille,
» nous entendîmes de loin un malheureux qui ap-
» pelait à son secours. Touchés par ses cris plain-
» tifs, plusieurs s'approchèrent, et, à leur grand
» étonnement, virent étendu par terre un soldat
» français ayant les deux jambes fracturées. J'ai été
» blessé, dit-il, le jour de la grande bataille, et, me
» trouvant dans un endroit écarté, personne n'a pu
» venir à mon secours. Pendant plus de deux mois,
» ajouta cet infortuné, me traînant aux bords d'un
» ruisseau, j'ai vécu d'herbages, de racines, et de
» quelques morceaux de pain, trouvés sur des cada-
» vres. La nuit, je me couchais dans le ventre des
» chevaux morts, et les chairs de ces animaux ont
» pansé ma blessure aussi bien que le meilleur mé-
» dicament ; aujourd'hui, vous ayant vus de loin,
» j'ai recueilli toutes mes forces, et me suis avanc

» assez près de la route pour que ma voix fût en-
» tendue. Étonnés d'un pareil prodige, chacun en
» témoignait sa surprise, lorsqu'un général, in-
» formé de cette particularité aussi singulière que
» touchante, fit placer dans sa voiture le malheu-
» reux qui en était l'objet. »

LE MÊME.

Bataille de Waterloo. Page 17. — (Note 11.)

Reprenons pour nos morts toute ur part de gloire;
Dans son intégrité, rétablissons l'histoire.
Le temps n'a pas jugé la moderne Crécy :
Ce pompeux Waterloo que leur bouche raconte,
C'est notre Mont-St-Jean, nous l'adoptons sans honte;
      Notre bataille, la voici :

. . . .
Tout tressaille à la fois; le signal militaire
Ébranle tous les cœurs, écho involontaire;
C'est le premier canon si distinct et si clair
Quand rien ne trouble encor la pureté de l'air.
Le feu part de nos rangs, sur la ligne écarlate,
En lumineux sillons, la fusillade éclate :
Les bruyants arsenaux ouverts dans les deux camps
Font jaillir à la fois leurs mobiles volcans :
La comète de fer, l'étincelante bombe
Qui tombe en sciant l'air, tue et creuse une tombe;
L'incendiaire obus, aux bonds singuliers
Qui du pied des chevaux remonte aux cavaliers :
Ainsi grince le vent sur le pont d'un navire,
Avec un bruit pareil, la voile se déchire.
Mais la voix qui commande, organe souverain,

Sait dominer encor les trois cents voix d'airain.
Sitôt que le boulet, de sang humain avide,
Dans les rangs labourés laisse un espace vide,
Les chefs encor debout, les officiers mourants
Font entendre ces mots : « Soldats, serrez vos rangs. »

   Quand le vent du matin soufflant sur notre armée
Entr'ouvre lentement le dôme de fumée,
L'intelligent soldat tourne un œil scrutateur
Sur la haute colline où plane l'empereur ;
Il est là : la bataille à peine commencée,
Il cerne l'horizon dans sa vaste pensée :
Il distingue, à travers le brouillard sulfureux,
Les plaines, les vallons coupés de chemins creux,
La lointaine forêt de pins et de mélèzes,
Les plateaux tout rougis des deux lignes anglaises ;
Tout est devant ses yeux ; par le génie et l'art,
Il ravit pas à pas toute chance au hasard,
Combine la victoire, et son œil semble lire
Sur ce grand échiquier où l'on joue un empire :
Quelquefois cependant, le regard soucieux,
Et l'oreille inclinée, il consulte les cieux.
Que fais-tu donc, si loin, Grouchy? qui te retarde?
Excelmans, autrefois toujours à l'avant-garde?
Et Gérard, toujours prêt à marcher au canon?
Et Vandamme? Et vous tous de si puissant renom?
Sans doute qu'en voyant votre marche trompée,
Vous brisez dans vos mains une inutile épée,
Et que vous convoitez, remplis d'un saint courroux,
Cet horizon de flamme où l'on combat sans vous?
Il ne sera plus temps !... Vers les lignes bretonnes,
Toute l'armée en feu s'ébranle en dix colonnes.
Jérôme, le premier, vers leur droite poussé,

16

Veut que le sang d'un roi soit le premier versé :
Son zèle qui l'entraîne au fond de la vallée,
Emporte d'Hougumont l'enceinte crénelée.
En vain sa défection, cherchant l'abri des bois,
Poursuivie, est forcée une seconde fois.
L'élite des Anglais vers les monts se replie
Sous le choc foudroyant du roi de Westphalie.

. . . .

Montez sur le plateau, centre de l'ennemi :
A vous, soldats de Ney, cuirassiers de Valmy,
Cavaliers de Milhaud, partez, la charge sonne.
La voyez-vous passer, l'accablante colonne?
Ces centaures massifs, aux gigantesques flancs,
A la tête de fer, aux pieds étincelants?
D'hommes et de chevaux épouvantable trombe,
En bloc elle s'élève, en bloc elle retombe.

. . . .

Le cou tendu, le sabre au niveau de la tête,
Tous du profond ravin, remontent sur la crête,
Et, près de la couvrir de leur immense vol,
Sous les pieds des Anglais font palpiter le sol.
Voilà l'heure de mort! puissants hommes de guerre,
Consommez aujourd'hui le deuil de l'Angleterre :
Que de fois, en pleurant leurs fils et leurs époux,
Les femmes d'Albion se souviendront de vous!
Ils l'ont voulu ! . . . .

. . . .

C'est un duel farouche, une ardente mêlée ;
On se voit face à face, on se prend corps à corps,
Le fer a soif de sang, la terre veut des morts.
Poussez à l'ennemi, point de coup qui l'effleure,
Visez à la poitrine où la plaie est meilleure ;
Décidez, sans prétendre à des exploits nouveaux,

Qui doit mourir ici des deux peuples rivaux.
. . . .
Dans ce carré de fer que la tactique enchaîne,
Nul Anglais ne s'émeut ni d'effroi ni de haine,
Son œil n'exprime rien que la morne stupeur;
Immobile soldat sans courage et sans peur.
Longtemps nos cavaliers se brisent sur la ligne
De ces lourds fantassins, martyrs de leur consigne;
Vingt fois sur ces longs dards, luisant épouvantail,
Les chevaux en délire enfoncent leur poitrail;
Mais comme de la mer la vague renaissante
Mine, à force de chocs, une digue puissante,
La colonne française, en rapides torrents,
Dans sa dernière charge écrase les deux rangs,
Et la mort mille fois, ou donnée ou reçue,
Au milieu des carrés agrandit une issue.

. . . .
Maintenant, contemplez ce champ de Waterloo,
Montez sur ces hauteurs; quel sublime tableau!
Quel spectacle! voyez, que la bataille est belle!
Les Bataves, chassés du château d'Hougumont,
Ont pris pour bouclier la crête des coteaux.
Vingt mille Anglais l'orgueil de leur puissante élite,
Couchés après leur mort sur la ligne prescrite,
Ensanglantent le mont qui sera leur tombeau.
L'aigle de Frédéric s'enfuit devant Lobau ;
Les bandes des vaincus, par la peur entassées,
De Bruxelles, d'Anvers, inondent les chaussées.
Anglais, Hanovriens, fantassins, cavaliers,
Débordent les coteaux, franchissent les halliers.
Écoutez retentir sur le terrain qui crie
Le roulement d'airain du train d'artillerie :
C'est une armée en fuite, un immense débris.

Partout notre aigle plane. Entendez-vous ces cris
Qu'autour de l'empereur l'enthousiasme inspire !
C'est le cri des soldats quand ils sauvaient l'empire ;
Sublime *Te Deum* que leur tonnante voix
Fit retentir dix ans à l'oreille des rois.
C'est alors que sonna cette heure solennelle
Que Dieu marqua du doigt sur l'horloge éternelle.
Alors se révéla cette terrible loi
Dont l'homme cherche en vain l'insoluble *pourquoi*,
Cette loi qui prescrit, sans le retard d'une heure,
Qu'un monarque s'éloigne, et qu'un empire meure.
Le soir, on vit paraître à l'horizon lointain
Un Blucher, un vieillard....
Le ciel laissa tomber un atome de sable
Sur le géant que tous jugeaient impérissable.
L'aigle, sans Dieu, perdant son foudre accoutumé,
S'abîme dans la nue.... et tout fut consommé.

BARTHÉLEMY.

FIN DES NOTES.

TABLE DES MATIÈRES.

Introduction. . . . . Page 5

CHAPITRE PREMIER.

Naissance et premières années de Bonaparte. Son caractère au sein de sa famille. Il donne déjà des preuves de son intrépidité et de son amour de la domination. Prédiction qui lui est faite par son oncle mourant. Son éducation à l'école militaire de Brienne et à celle de Paris. Il se fait remarquer par une profonde application aux mathématiques et par une grande énergie de volonté. Page 11

CHAPITRE II.

La révolution éclate en France. Déchéance et mort de Louis XVI. La Vendée prend les armes au nom de Dieu et du roi. Siége de Toulon. Premières armes du jeune Bonaparte. Il fait adopter son plan d'opération. Il est nommé commandant d'artillerie à l'armée d'Italie. Ses savantes combinaisons. Page 27

CHAPITRE III.

Bonaparte prend le commandement de l'armée d'Italie. Sa marche rapide. Victoires de Montenotte, de Dégo, de Mondovi et de Millésimo. Il entre en Lombardie, où il gagne la bataille de Lodi, et est reçu à Milan en libérateur. Il met le siége devant Mantoue ; à Lonato, son sang-froid le sauve d'un danger imminent. Batailles d'Arcole et de Rivoli. Traité de Campo Formio. Bonaparte s'embarque pour l'Égypte ; il s'empare d'Alexandrie, est victorieux au combat des Pyramides et entre au Caire. Il pénètre en Syrie, emporte Jaffa d'assaut. Il est forcé de lever le siége de Saint-Jean d'Acre. Victoire d'Aboukir. Bonaparte revient en France. Page 51

CHAPITRE IV.

Journée du 18 brumaire. Bonaparte est fait consul. Nouvelle campagne d'Italie. Passage du mont Saint-Bernard. Victoire de Marengo. Attentat du 3 nivôse. Concordat avec le souverain pontife. La religion catholique est rétablie en France. Conspiration de Georges Cadoudal, de Moreau et de Pichegru. Le jeune duc d'Enghien est fusillé dans les fossés de Vincennes. Page 88

CHAPITRE V.

Bonaparte est proclamé empereur. Le pape Pie VII vient le sacrer à Paris. Caractère de ce pontife. Campagne d'Autriche. L'empereur fait son entrée à Vienne. Bataille d'Austerlitz. La Hollande est érigée en royaume et donnée au prince Louis, frère de Napoléon. La Prusse se soulève. Bataille d'Iéna. Trait de clémence de l'empereur. Combats d'Eylau et de Friedland. Traité de Tilsit. Page 104

CHAPITRE VI.

Invasion et conquête du Portugal par le maréchal Junot. Charles IV et le prince des Asturies trompés et exilés par

TABLE DES MATIÈRES.

l'empereur. La couronne d'Espagne est donnée à Joseph Bonaparte. Insurrection de l'Espagne. Siége mémorable de Saragosse. Nouvelle campagne d'Autriche. Bataille d'Esling. Mort du maréchal Lannes. Victoire de Wagram. Tentative d'assassinat contre l'empereur. Bernadotte est couronné roi de Suède. page 121

CHAPITRE VII.

Différends de l'empereur avec le souverain pontife. Ses projets de suprématie religieuse. Les États romains sont réunis l'empire. Pie VII est arrêté; sa captivité à Savone, puis à Fontainebleau. Napoléon répudie l'impératrice Joséphine; il épouse Marie-Louise, archiduchesse d'Autriche. Naissance du roi de Rome, Napoléon II. Campagne de Russie. Funeste pressentiment de l'armée française. Bataille de la Moscowa. Les Français entrent à Moscou. La ville est brûlée par ordre du gouverneur. Retraite, souffrances et désastres. La Grande-Armée est à peu près anéantie. Page 150

CHAPITRE VIII.

L'armée française continue sa retraite. Batailles de Lutzen et de Bautzen. Mort du grand-maréchal du palais et du général Moreau. Désastre de Leipsick. Le prince Poniatowski se noie dans l'Elster. Tous les alliés de l'empereur l'abandonnent. Il ne désespère pas de la fortune. Les armées coalisées pénètrent en France. Paris est livré aux ennemis. Abdication de Fontainebleau. Adieux de l'empereur à sa garde. Son arrivée à l'île d'Elbe. Page 182

CHAPITRE IX.

Napoléon débarque en France. Sa marche triomphante, son entrée à Paris. Assemblée du Champ-de-Mars. Nobles paroles de l'empereur. Victoires de Fleurus et du mont St-Jean. Bataille de Waterloo. Napoléon vaincu se fait jour l'épée à la main. Il est abandonné. Il abdique en faveur de son fils. Il se rend aux Anglais. L'île Sainte-Hélène. Derniers moments de l'empereur. Page. 205

CHAPITRE X.

Portrait de Napoléon. Son caractère, ses habitudes, ses mœurs. Traits de clémence et de générosité. Son génie militaire. Parallèle de Napoléon avec Alexandre le Grand et César. La littérature et la poésie sous son empire. Châteaubriand. La France redemande les restes du grand homme. Le prince de Joinville se rend à l'île Sainte-Hélène. Les cendres de Napoléon traversent une partie de la France. Enthousiasme des populations. Le cercueil impérial est déposé dans l'église des Invalides. Page 230

FIN DE LA TABLE DES MATIÈRES.

SAINT-DENIS. — IMPRIMERIE DE PREVOT ET DROUARD.

www.ingramcontent.com/pod-product-compliance
Lightning Source LLC
Chambersburg PA
CBHW071606170426
43196CB00033B/1935